会说话的人
运气
都不会太差

〔日〕矢野香 ◎ 著
王军 ◎ 译

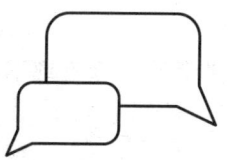

「きちんとしている」と言われる
「話し方」の教科書

图书在版编目（CIP）数据

会说话的人运气都不会太差 /（日）矢野香著；王军译. — 北京：北京联合出版公司, 2018.10（2024.5重印）

ISBN 978-7-5596-2408-6

Ⅰ.①会… Ⅱ.①矢… ②王… Ⅲ.①语言艺术－通俗读物 Ⅳ.①H019-49

中国版本图书馆CIP数据核字（2018）第172086号

著作权合同登记号 图字：01-2018-4482

Original Japanese title:「KICHINTOSHITEIRU」TO IWARERU「HANASHIKATA」NO KYOUKASHO
© Kaori Yano 2015
Original Japanese edition published by President Inc.
Simplified Chinese translation rights arranged with President Inc.
through The English Agency (Japan) Ltd. and Eric Yang Agency, Inc.

会说话的人运气都不会太差

作　者：〔日〕矢野香
译　者：王　军
总 发 行：北京时代华语国际传媒股份有限公司
责任编辑：楼淑敏
封面设计：吉冈雄太郎
版式设计：姜　楠
责任校对：赵哲安

北京联合出版公司出版
（北京市西城区德外大街83号楼9层　100088）
三河市宏图印务有限公司印刷　新华书店经销
字数120千字　880毫米×1230毫米　1/32　6.5印张
2018年10月第1版　2024年5月第26次印刷
ISBN：978-7-5596-2408-6
定价：42.00元

未经书面许可，不得以任何方式转载、复制、翻印本书部分或全部内容。
本书若有质量问题，请与本公司图书销售中心联系调换。电话：010-63783806

前言

入职公司的三年是近来的风险企业经营者从进入公司到独立创业所需的时间。

也就是说,进入公司后,他们在三年之内便得到了上司及客户的信任,并成功独立。

十年磨一剑的观念已经过时。也可以说,公司里的就职经验,就是得到信任并独立创业前的一步棋。

这种现象,并非仅限于创业,在公司内打拼也同样如此。

如今,尽管所需时间因职场不同而有异,但快的话,进入公司后三年之内,彼此间便会拉开很大的差距,未来之路已分。

所谓社会人士,第一步,就是进入公司这一"组织"。

而所谓"组织",就是获得他人评价的地方。只有得到组织好评与认可的人,才会在公司里出人头地,或独立创业,迈向成功。

我的专业领域是心理学中的他人认知。作为国立大学的一名老师,一直在研究不同的说话及交流方式会让对方作出怎样的评价。

换句话说,就是"提高他人对自己评价的专家"。

这几年,经常有公司邀请我为新员工做培训。但因为之前专门从事总经理等领导层培训,我就拒绝了。可对方说,"只针对预备役领导进行特别培训",于是,答应下来的就越来越多了。所以现在,为培养出未来的领导层,我也在从事针对新员工的培训。

在培训中接触的未来总经理们,不分男女都有一个共同特点,即全是刚进公司便受到了上司及前辈的喜爱。从进公司第一年起,便让他们一起出席重要会议,带他们到其他公司拜访等。他们从一开始便得到了周围领导层的认可和喜欢,被领导层记住,另眼相待。结果就是他们的自身价值得到认可,得以做自己想做的工作,工作中也充满活力。

也就是说,他们从一开始就不同,而非经年累月,一点一点地慢慢积累信任。

这种不同,到底在哪里呢?

不同,就在他们的言谈举止里。在他们身上,无不具备被领导信任的"严谨得体"。

组织对一名新员工的评价标准就是其交流能力。其中，"照顾对方感受""倾听能力"和"表达能力"又是言谈的三大基础。

也就是说，要得到组织认可，拥有此三项能力，具有"严谨得体"的言谈魅力非常重要。

我的偏差值①只有四十多，毕业于一所地方女子大学，没有耀眼的学历，所以从找工作开始，就一直以"严谨得体"武装自己。结果被NHK录用了，并且，从工作第一年开始，就被安排做新闻主播的工作。现在主要针对以国会议员为代表的政治家、上市企业干部、企业经营者等领导层，从事交流方面的指导。

正因这样的自身经历我才认为，即便对自身能力没有信心，但只要说话时紧紧抓住"严谨得体"，就能得到周围的好评和认可。

而只要不断得到好评，那无须多久，就会一点点地具备真正的自信。

"严谨得体"的言谈，是获取信任的武器。

"严谨得体"的言谈，是保护你的铠甲。

以"严谨得体"的言谈为武器在社会中奋斗的战士，才是真正的社会人士。

---

① 个人分数与平均值的差值。计算公式为：[（个人成绩－平均成绩）÷标准差]×10＋50＝偏差值。——译者注

从进公司第一年起，怎样做，周围才会认为你为人"严谨得体"，是一位"有能力的员工"？本书对交流方式的介绍紧扣这一最基本的要点，虽然对已经掌握的人士来说都很简单，但若进公司三年仍未具备，就是有些"难堪"的基本知识了。

周围人的信任，不需要你取得多么巨大的成功，而是要避免一切小小的失败，不断积累。不是去进攻，而是用"严谨得体"这副铠甲来守护。

而最终，你将获得周围人们的绝对好评。如果你进公司还在三年之内，那就依然还有机会。这本书，将帮你"刷新"人生，即所谓"作为社会人士，闪亮登场"……

目录

第一章 好好说话① 会说话 九成功夫在"留心"

以"告诉您一个好消息""告诉您一个坏消息"开场 / 002

电子邮件用于"彩排"和提前通知 / 006

"请问……"会让人感知到你的热情 / 009

学会在人前"致意和感谢" / 012

学会封闭式提问 / 016

请人帮忙说具体,大家就会喜欢你 / 019

出现重大失误,要问"我现在能做什么" / 022

避免引发不信任感 / 025

避开三大禁词,会给人好感 / 028

作出反应,交流成功 / 031

正确使用敬语 / 034

眉毛上扬,会加强亲近感 / 038

第二次面谈的正确话题是致意和报告 / 042

落座之后,不要在自己与对方之间放任何东西 / 045

"啊！我今天也想吃鱼了。"点餐时，跟上司点一样的 / 048

饮料温度一样，交谈节奏也会合拍 / 051

尽量不要说"忘记了" / 054

多嘴一句，会损害此前的信任 / 058

为不让人"烦"你，不要用转折连词 / 061

选择对对方有利的话题，帮你收获信任 / 064

邀请时需要"严谨"，能获得对方的信任 / 067

▎专栏1 "严谨得体"的人 具有行业气息 / 070

第二章 好好说话②
会说话的人 更善于倾听

进公司第一年，重点在于"要点归纳" / 074

如要示以认真，就只附和一次 / 078

边"敲键盘"边说，可改掉口头禅 / 081

改掉令周围不快的表达习惯 / 084

谈话中记笔记，对方会感觉你"在认真听" / 087

"好好"鞠躬的人会得到信任 / 090

加入数据："交货98个""进展率98%" / 093

"明白了""知道了"会让人感觉高高在上 / 096

为不给人狂妄感,不要打断谈话 / 100

认真看表而不是扫一眼,会让印象变好 / 103

令目光更有力的"秘诀"/ 106

"四目相对"让你局促,怎么办?/ 109

交换名片的"正确方式"/ 112

用"1/3 与 3 倍法则"强调自己的话 / 116

用"一直"来表达,会得到支持和帮助 / 119

能讲述公司历史、描述公司未来的人会得到高度评价 / 122

谈话要重视"最后的词"/ 125

把反应好的话记下来,继续使用 / 128

▶ 专栏2 给人"严谨得体"感的人才能成为赢家 / 131

第三章 好好说话③
会说话就是学会"值得信任"的表达方式

信任来自只说事实 / 134

模仿行业性措辞 / 138

"跑业务,也很懂经营"会受到好评 / 141

借助自我暗示，做想成为的那个人 / 144

越年轻越要口出豪言 / 147

与其显示能言善辩，不如卖拙 / 150

弃"提问"而用"确认"，会给人以"有能力"之感 / 153

做一本"业务笔记"，不会被视为无能 / 156

演讲时，要想象大获成功的自己 / 159

回想曾经受到的表扬，打造成功体质 / 162

说话，可以模仿别人 / 166

跟公司外的人交谈，对自己上司也要"直呼其名" / 169

让对方敞开心扉的"吧" / 173

详尽的事先调查，会让对方不自觉地答"是" / 176

"第零印象"比第一印象更重要的时代 / 179

用"他人评价"表现自己，会让对方印象深刻 / 182

做做正反表达训练 / 185

感到紧张，就夸紧张的自己 / 188

放面镜子，就能让自己变得善于表达 / 191

左右印象的三大要素 / 194

▶ 专栏3 越没自信的人越能"严谨得体" / 197

第一章

好好说话①

会说话 九成功夫在"留心"

以"告诉您一个好消息""告诉您一个坏消息"开场

商务谈话,特别是向上司做报告,切忌起承转合。

起承转合用于构建故事,以达到让听者心里捏把汗或大吃一惊的效果。学生时代喜欢的说话方式,或许是能在聚会、联谊等活动中活跃气氛,整个交流的过程起承转合,话到最后有噱头,可能还会时不时抖个包袱。但在商务交流中,这样会显得磨蹭、啰唆,太浪费时间。商务交流的重点在于,先说结论。

先说结论时,有一点需加倍注意。即该结论是好事还是坏事,要先亮出来。比如,一到上司面前就说,"有个好消息要向您报告",或者相反"有个坏消息要告诉您"。即先说明是好消息,还是坏消息。

为什么呢？因为听的人马上就能知道，是安心听下去就好，还是应严肃对待。

这就是播音员在播报新闻。新闻播报一上来就开宗明义，"令人开心的好消息来了！"或是"这样下去，形势严峻，难有进展"，之后再播报新闻内容。向上司汇报工作也是一样的。

依报告流程，可分为三大部分：结论、本论与结语。

并且，报告要在1分钟内结束。最初15秒说结论，是好消息，还是坏消息，剩下的45秒报告详情。报告花1分钟左右结束后，就回答对方提问。细节内容，在回答提问时补充即可。

下面，就以具有实战性的例子向大家介绍。务请参考。以下为1分钟报告例文。

最初的15秒，报告是好消息，还是坏消息

"有个坏消息向您报告。

上周，我们负责的案件，接到了A公司投诉。

但最终，A公司也表示了理解。

接下来，向您报告详细情况，可以吗？"

剩下的 45 秒报告详情

"投诉与 A 公司的〇〇案件有关。上周二,是负责人田中先生接的电话。为处理此事,当天我便前往 A 公司,进行了△△。最终,A 公司也表示了理解。我考虑,这次纠纷的原因之一,会不会是■■。目前,正在拟定日后对策。"

如果一开始就讲详情,啰啰唆唆 3 到 5 分钟,听报告的人就会不耐烦。报告要简洁,控制在 1 分钟之内。一开始就要明确说,是好消息,还是坏消息。

好好说话的规则

先说是好消息,还是坏消息

电子邮件用于"彩排"和提前通知

业务中遇到困惑或棘手之事,要找上司或前辈商讨时,可以先用电子邮件预先告知对方。

比如,"想就此事跟您商讨,能拨冗一见吗?"事先就商讨内容发一封电子邮件。并且,见面时要开门见山:"就邮件中所写一事,想跟您谈一谈。"

事先发邮件,是为给对方思考时间。如果见面之后突然说"有事相商",上司可能也无法马上回答。

比如,如果是人事问题或法律性问题,要让对方当场回答,可能会有困难。

即便当时说:"好吧。我调查一下吧。"但对方也有日常工作要处理，可能会忘记或延后处理。

有事商讨，只要棋先一着发封邮件，就能让对方作好回答的准备。如此，之后的正式商讨也就顺利了。

需要注意的是，如果迟到，绝不能用电子邮件通知了事，而是要用电话郑重告知对方。

因为就交流方式而言，电子邮件是单向的，也无法确保对方会回应。也就是说，如果迟到了用电子邮件联系，那上司想生气都找不到对象。进一步而言，可以说这就是一种暴力。

事情难以启齿，才更不能用邮件，而是要郑重地电话相告。

电子邮件用于"彩排"和提前通知。会面才是"正式演出"。

"想就此事找您商讨，能否拨冗一见？"邮件询问之后，正式商讨是面对面进行。

最终，双方见面，在能看到对方感情的情况下商讨，并作出判断。这一点非常重要。

好好说话的规则

最终要面对面进行交谈!

"请问……"会让人感知到你的热情

因事求教时,第一句话非常重要。

"不好意思,打扰一下。您现在有时间吗?有点事想向您请教……"

有的人,就是这样小心翼翼开场的。可对方正在忙工作而被打断,开场白一长,自然会不耐烦。

"什么事?快点说。"

所以,搭话第一句就开门见山,"请问……"更能带来好感。

开场白长的人,喜欢用"呃……"。

比如,"有件事想问您。呃……这会儿可以吗?""呃……"的使用,会让要说的话啰唆、冗长,不推荐使用。反而是"请问,

这儿该怎么处理?"问得言简意赅,效果更好。

"请问!"这句话,有的人说不出口,于是,就直接依靠自己的判断采取行动了。

能理解这种心情,但自己判断有可能造成失误。

若导致返工重来或损害了公司利益,那可就不堪设想了。

"这点事还要问,多丢人啊。"要抛开这样的想法,如果自己查来找去仍不明白,就大大方方地把这句话说出来——"请问……"。

进公司第一年,有可能连该问谁都不知道。遇到这种情况,就问上司或前辈:"这事,该问谁好呢?"

有可能,这位上司或前辈会直接教你,也可能告知适合你求教的人。

对多数企业来说,如果是进公司第 1 年,最初 6 个月应为试用期。这期间,不明即问,无须介意。在周围人眼里,这样的新人富有工作热情,反而会得到大家的喜爱。为尽快熟悉公司业务,早日独当一面,不停地问下去吧。

好好说话的规则

"呃……"
让话变得啰唆冗长，
令人不耐烦

学会在人前"致意和感谢"

熟悉业务前,有很多事需向前辈或上司请教。得到了指教,千万不要忘记致意和感谢。

"让你教是理所当然的。"如果是这种态度,那就没有下次了。

"因为你刚工作,就教了你,可你倒好,像'无师自通'的一样。这家伙教不得啊。"一旦给人留下这种印象,对你自身的损害可就太大了。

无论是谁,一开始都会教你。但教你之后,如不致意和感谢,就不会有第二、第三次了。

● 实例　能写出这样的邮件就可以！

矢野 香 女士

感谢您一直以来的关照。

我是○○公司的山田太郎。

今天10点，敝公司召开的股东大会刚才顺利结束。针对股东的提问，我作了4项答辩。公司干部中，我的回答量最多。

〔以具体数字报告，如 10 点、4 项等〕

尽管感觉，您事前的指教，最终并未全部实践，但多亏事前准备才得以从容以对。非常感谢。

〔表达谢意〕

股东大会的最后，一位公司员工说："虽是第一次出席大会，但深铭肺腑，很受感动。"有股东特意来告诉我这样的感想，真的是非常激动。

〔摆事实〕

有这样的反应，我也很开心。

关于今天的答辩，希望能再次得到矢野女士的指导，若能如愿，幸甚。

具体而言，就是想去掉说话中出现的"这个……""呃……"之类习惯用词。

今天的情形拍成了录像，务请观看，指导为盼。

〔下一次具体行动请求〕

今后，敬请继续给予关照和指导。

签名
姓名
公司　　　　　　　　　地址
电话　　　　　　　　　电子邮箱
公司规则等广告宣传用语

※ 笔者受领于客户的例文

没人还会对你说:"再遇到不懂的,尽管来问我。"

致意和感谢,并不是要你送什么东西。而是说,如果有人教了你什么,说一句"谢谢你"致意,说一句"多亏有你,真帮大忙了"表达感谢。

此外,莫贪天功,礼让于人也很重要。要点在于,在他人面前让功。

比如,上司表扬你说:"企划书写得很好啊!""谢谢。写的时候,承蒙○○前辈指教。都是○○前辈的功劳。"如此,即可让功于前辈。

受教于人,进展顺利时,绝不能摆出一副全靠一己之力的样子。

做一个善于得到他人指教的人吧。

> 好好说话的规则

"你教我是理所当然"?

不！不！不！

并非如此

学会封闭式提问

进公司第一年,很难避免这样一个倾向——等待指示。但作为社会人士,这会被视为无用而被厌恶。

不给人这种感觉的关键在于提问的方式。

不能总是说"不明白""请问""我该做什么",而是一定要作封闭式提问。

所谓封闭式提问,就是问可用"是"或"不是"回答的问题。相反,所谓开放式提问,对方则无法用"是"或"不是"回答,比如"怎么办"。

举个例子,让你整理企划书时,不要问"怎么整理"这样的开放式问题。这会让对方认为你只会等待指示。

所以，要问能在"是"与"不是"之间二选其一的封闭式问题，且提问要具体。比如，"让我整理企划书，可不知道格式，能给我看一下吗？"

而"我不懂，能教教我吗"就过于笼统，教的人也不知道该教什么。

不能问"部内会议快结束了，该怎么办呢？"而是要问："课长，部内会议快结束了，我正在做资料，有没有必须放进去的数据？"。这样具体问，对方既能感受到你的积极态度，也能明白你的想法。

所以，提问要着眼于具体工作、具体事物，即请教什么才能让你的自身业务顺利开展。

好好说话的规则

请教时,提问要具体

请人帮忙说具体，大家就会喜欢你

事情说具体的好处，不只表现在提问中，求人帮忙时也一样。

比如要出席会议，因上司很擅长做简报，你也想让自己的简报像他一样漂亮。这时，就可以求他帮忙，但所求之事一定要具体：

"您之前做简报时用的演示文稿（PPT）资料，能给我用一下吗？"或者"有什么参考资料吗？"就这样去求他，冲他撒娇。

上司手边的会议、简报资料中，应该有他的批注。而这些批注，就是你的至宝。

进公司第一年，会想当然认为"这样求人不好"，能避就避。

但实际上并非如此,脸皮稍微厚一点儿,试着"毫不客气"地去求他吧。当然,进公司都五年了还这样,确实令人头疼,但第一年就把这当特权吧,撒娇就好。这反而会让你成为受人喜爱的部下。

上司被部下追捧或依靠,他也开心。

最重要的是,培养部下是上司的职责所在。并且,对上司自身而言,能被部下依靠同样很重要。培养出部下的战斗能力,尽快让他们适应工作,正是上司尽职尽责的表现。首先,要让上司感觉你"是个值得培养的部下"。就用具体事情去求上司,让上司觉得你是可造之材吧。

不要想"资料什么时候都能看,现在就算了吧""会议上可以看到演示文稿,算了",考虑到将来跳槽,或独立创业,在现在的公司里,能学到的就要学到手的态度非常重要。

好好说话的规则

**上司的工作，
就是成为部下的依靠，
并培养部下**

出现重大失误，要问"我现在能做什么"

对社会人士而言，个人危机管理非常重要。非向上司道歉不可的事不要隐瞒，而要悉数报告。总有一些事，只要可以就不希望上司触及，但对你和上司而言，重要的是"毫不隐瞒"的态度。而在赔礼道歉时，最为重要的就是要让对方知道，你"并未隐瞒什么"的态度。

商务活动中，最容易遭到批判的做法就是，事后，再一点点透露加以隐瞒的信息："实际上，还有这么一件事……"

就赔礼而言，道歉之后，必须立即公开所有信息，毫不隐瞒地公开事实经过。

话虽如此，但实际上，当造成重大失误时，晴天霹雳之下，有时候连歉都道不了。这种事我也经历过,当自己铸成大错,大脑还一片空白时,还是周围的人代我道歉的。

造成重大失误时,本人会一时处于"休克"状态,呆若木鸡,动都动不了。这种时候,首先要说的一句话就是:"我现在能做什么?"

当然,必须赔礼道歉,但着急之下,就是一直不停地说"对不起,对不起,对不起"也于事无补,解决不了问题。所以首先要问,"我现在能做什么?"

大错已然铸成,过后再挨骂,现在要问的,是自己必须去做的是什么。

这就是应急处理。在此基础上,当一切尘埃落定再郑重道歉,说一声"对不起"就可以了。

比如会议迟到。当然可以找理由说:"对不起,电车晚点了!"或者说:"身体不舒服……"等等,但像下面这样问一句,无疑更有建设性:

"对不起,还可以参会吗?""还能进会议室吗?""是不是应该在外面等会议结束?"等等。即问一下现在该怎么做。

> 好好说话的规则

造成失误时不要找借口，而要问该做什么

避免引发不信任感

造成失误或处理不当时,重要的是毫无隐瞒地说出来。

针对企业如何召开新闻发布会赔礼道歉,我曾做过应对媒体(电台、电视台、报社等宣传媒介)的培训。而我最先对客户说的,就是"发布会,要一次性结束"。

发布会要开好,就要让记者们知道"所有信息全都公开了""没有任何隐瞒"。

但有时候,新闻发布会都开完了,对这家公司的责难却蜂拥而至了。像这种情况,基本都是事后再一点点公开事实,后续会继续发声:"实际上……""不,实际上……"

要把新闻发布会开好,就要向与会者明示:毫无隐瞒,全

都讲了。

　　首先,要提前把资料交给将要到会的记者。发布会前,先用电子邮件等把资料发过去,并告诉他们:"关于此事,将由本人亲口来说。"而在发布会当天,只要时间允许,就要在记者提问中回答所有的问题。

　　如果把这类应对技巧应用到商务现场,那适用的就是赔礼道歉了。即出现某种失误时,可将其应用到向上司报告或向客户道歉的情景当中。

　　成为社会人士的第一年,要有意识毫无隐瞒地和盘托出,真挚以对。对客户,要做实况转播,比如"关于这一次的数字错误已经报告上司,目前正在调查。明天就能知道结果,届时再与您联系"。

　　这就能让对方感觉到你对他毫无隐瞒。

　　而最不理想的应对方式,就是事后再一点一点地挤,"实际上,这个也搞错了""那个也搞错了"……

　　"是不是隐瞒了什么?"让人产生这样的想法,最容易引发不信任感。如果想要避免这种情况,需要我们毫无遗漏地悉数报告事实经过。

好好说话的规则

毫无隐瞒地说出事实

避开三大禁词，会给人好感

因被问后的回答不同，有的人会给人留下好印象，有的人则会留下坏印象。印象不好的人，基本会用三大禁词。

这三大禁词是："知道了""的确如此""可以参考"。

"知道了"虽是常用语，但作为商务礼仪，一般不对上使用。虽没有语法错误，但会让人认为失礼，还是避开为好。

"的确如此"则用于上面对下面的意见作出判断。对上司用有失礼貌。

"可以参考"同样有失礼仪，因其带有以下的语感——"虽会参考，但你的话我可不听"。其危险性在于，会让对方感到："难得告诉你，就只是参考一下？"

这些词，尽量换个说法，成为一名给人好感的新员工吧。

× 知道了→ √ 懂了 / 就照您说的做

× 的确如此→ √ 对我很有帮助

× 可以参考→ √ 务必允许我借用您的想法 / 务必允许我照您所说的做

好好说话的规则

会破坏对方心情的用词要换个说法，让印象加分

作出反应,交流成功

现在刚进公司第一年的这一代有个特点,就是表情中没有变化。

就是回答他们的问题后,像戴着"能乐"①面具一样,面无表情地答一声:"明白了。"但是回答问题的人也不知道,他们到底有没有理解。

只是,因为面无表情就说他们无感,却又并非如此。在员工培训中,因为听讲的新员工们没有反应,就反省是不是自己讲的没让他们满意,可过后告诉我他们的听讲感想却是"很受感动"。

---

① 日本古典乐剧。演员会佩戴面具。——译者注

要确认自己是否面无表情,可以面向前方,只将目光朝下,笑一笑就知道了。笑的时候,若看不到自己的脸颊肌,就说明脸上没有表情。看不到自己的脸颊肌时,对方在你脸上看到的,就是一副"能乐"面具。

面无表情,交流将无法进行。交流,需要用表情传达你在不同时刻的不同情感。

但也并不是说,总是笑眯眯的就不可以。重点在于,要回应给对方你在交流中的反应。

当问题得到回答或是收获到新知识时,人们通常会现出吃惊的表情。就算被告知的内容是消极的,人们也会面现吃惊:"啊!是这样!"

吃惊时,人的眉毛会下意识上扬。比如上司对你说:"这哪行啊!刚才你对客户说,'我会考虑',对吧?说'考虑'太失礼啦!""哎?是这样!"并立时现出吃惊的表情试一试。

在上司眼里,会从这一表情中接收到"我明白了""感谢您的教导""我会改正"等信息。

如果提出的问题得到了回答,却又不用表情回应,就像你抛球后,对方打了回来,你却完全无视一样。

遗憾的是,进公司第一年,很多员工似乎只会这种无视回球般的交流。不要只把球投出去就完了,而是要接着接球。

好好说话的规则

要传达自己的临场感情,
就要学会吃惊的表情

正确使用敬语

敬语的使用，要根据双方关系而定。较之公司外部，公司内部的敬语使用尤其令人烦恼。但考虑到对方与自己的距离，即人际关系的"远""近"，是否要用敬语也就清楚了。

若是部长、前辈与新员工3人在场，则前辈近，部长远。在这种情况下，对离自己远的人，即部长，就要用敬语。

测量人际关系距离远近的窍门是，说"我们"的时候，谁是"我们"中的一员。

假设你隶属营业部。当营业部长、总务部长、营业部前辈和自己在场时，到底谁在"我们"之中呢？

无疑，营业部长、前辈和自己就是那个"营业部的我们"，而对不在"我们"之中的人，就要用敬语。在这一场景中，即只对总务部长使用敬语。因总务部长和营业部长都是部长就都用敬语，是错误的。

像上面的例子一样，说"我们"时，想到团队的范围边界，对谁使用敬语也就容易把握了。再强调一遍，对不在"我们"之中的人要用敬语。

最好理解的就是去其他公司拜访的时候。自己公司的人，即便是上司也在"我们"之内，不要用敬语。

再比如，跟其他公司的人组成项目团队一起工作时，就算所在公司不同，但只要是该团队成员，就是"我们"中的一员。明明一起推动项目实施，却因对方是其他公司成员就一直小心谨慎地使用敬语，就没有团队的一体感了。大家都是同一项目中的伙伴，即便措辞稍有不周也并无大碍。

●谁,是"我们"中的一员?

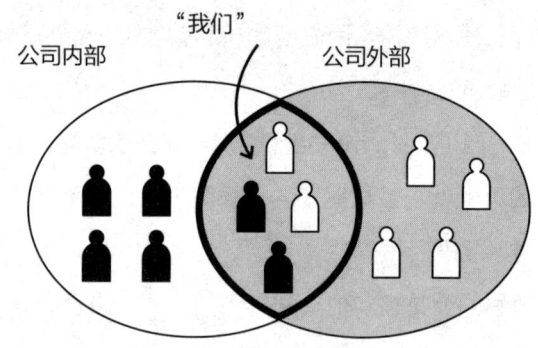

敬语区分使用的困难之处在于,公司内外的人们混杂一处时如何判断。这种情况下,就要考虑说"我们"时谁在其中。如此,跟上司也好,跟客户及其他公司的人也罢,交流都会顺利进行。

区分说话方式时需要考虑的,不是前辈、部长、客户等职务、地位或所处位置,而是谁在"我们"之中。

善于开业务性玩笑的人,会特意将客户纳入到"我们"之中。"对我们消费者来说,这款商品会帮大忙吧",或者"对我们孤身生活的人来说,这种设计样式不错吧",等等。即将客户纳入到"我们"之中,营造一种共有感。

也有人会以"'我们'之间的秘密"这种方式,神不知鬼不觉地拉近彼此距离。"对客户这样推荐,但对○○先生(女士)您,我推荐这个。"即只告诉○○先生(女士),以示其特别。

好好说话的规则

确认敬语使用对象时,
考虑"我们"的范围

眉毛上扬，会加强亲近感

与公司外部人员，比如有业务往来的人、客户等初次见面时，对有可能还会见面或你想再次见面的人，一定要在下次见面前保持联系。

联系方式可以借助电子邮件、明信片或电话等。第二次见面时，如果对方说"谢谢你的邮件""谢谢你的明信片"，即有意为双方交往"铺路架桥"，那以后再见时，印象就会直线蹿升。

若是公司内部的人，就不知道第二次见面会是什么时候了。既可能在电梯里不期而遇，也可能在酒会上意外坐到一起。

这种情况下，突然看到对方时的表情非常重要。"啊！

○○先生！"心里一动时，脸上现出的神情当然要开心。即用表情告诉对方，很高兴与之不期而遇。

不用说，眉头紧蹙给人的感觉很不好，而面无表情，也会给人以不知道你在想什么的阴森感。

为突然看到谁而高兴时，人的眉毛会瞬间上扬。这叫"眉毛快闪"。

要让人对你有好感，看到他的瞬间，眉毛上扬很重要。

最理想的是，在看到他的那个瞬间眉毛同时上扬，但可能很难做到。没有扬眉习惯的人表情比较僵硬，眉毛是扬不起来的。怎么办呢？不妨试一试"看对方两次"的小窍门。

留意到对方时，暂时将视线移开，打招呼时再扬眉即可，"啊！○○先生（女士）！"

还有一个办法。吸气时，人的眉毛也会上扬，所以，也可以在吸气之后再打招呼，"啊！○○先生（女士）！你好——！"

不吸气就打招呼，眉毛是不会动的。所以，一定要在打招呼前吸一口气。

● 眉毛上扬，会让你表现出开心的表情

○眉毛上扬　　　　×眉头紧蹙

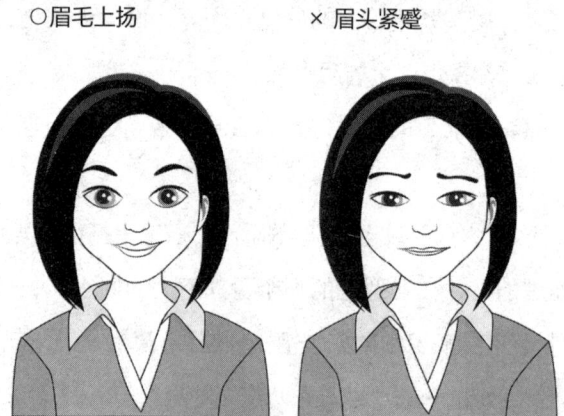

让人产生好感的人都是什么表情呢？请比较上面的插图。是的。她们的眉毛差别很大。眉毛是上是下，给人的感觉是好是坏，一目了然。顺便说一句，吸气，眉毛就会上扬。

用鼻子大大地吸一口气，并且，打招呼时一定要带上"啊！"

先吸气，眉毛自然上扬中，"啊！○○先生（女士）！你好——！"看到这样的表情，应该没人不心生好感。

好好说话的规则

"啊!先生(女士)!"
绽放你的开心表情。

第二次面谈的正确话题是致意和报告

初次见面之后,第二次会面时说什么才会加深对方的信任呢?

简单又有效的方法之一,就是说上次见面时谈的事情。比如可以说:"上次见面,承蒙您指教,非常感谢!"建议加上"上次",道一句谢。

再比如,可以说"多亏您,客户非常高兴。谢谢您!"即报告上次交谈的结果。无须用邮件或电话报告的事情,就加上"上次"说出来。

另一个方法,就是选择被称为"季趣新旅电家健工服食住"(季节或天气、兴趣、新闻、旅游、电视、家人、健康、工作、服装、美食、居住）的，既无伤大雅又活跃气氛的话题。

　　这些话题，会让对方心生同感，也没人会说"不，这不对"。天气之所以被人们视为好话题，是因为当你说"真热啊"时，应该没人会反对说："不，很冷。"

　　那从第三次起呢？

　　跟第二次见面时一样也可以，比如最初见面时如何如何，或"见面前，我们在邮件里交换过这样的意见"，等等，总之就是以最初接触时的事情为话题。

　　若再上一个等级，则建议进一步充实第二次见面时对方所传达的信息。

　　比如，"您说喜欢落语①，前几天，我生平第一次去曲艺馆看，有些地方不明白，能否向您请教？"即从双方有同感的事物中，生发出某种新的话题，对方也会高兴，如此，谈话接发球就能展开了。

　　什么样的话题都可以。重要的是，在谈话接发球得以展开这一事实中，对方会感受到一种信任。

---

　　① 日本曲艺形式，类似单口相声。——译者注

| 好好说话的规则 |

只要谈话接发球得以展开,

什么话题都可以

落座之后，不要在自己与对方之间放任何东西

第一印象要好，寒暄很重要。而寒暄的要点，则在距离。

即先进入对方的私人空间（人与人的舒适距离），拉近双方距离。

我在 NHK 负责新闻节目时，曾有政治家、部长来做嘉宾。这种地位的人，一般是在正式演播开始前直接进入演播室，无法事前寒暄，只能在 VTR（节目录制）过程中补。但因挂的麦克风有线，寒暄时又不能站起来，但我会将身体稍稍靠近，拉近双方距离。

靠近，可以给对方留下好印象。

比如，假设你进入会议室时，先到的前辈坐在很远的地方。

虽在入口处道过"辛苦",但若进去后直接坐到自己的位子上,那好不容易达到的寒暄效果也会缩水。所以,尽管在入口处道过一声"辛苦",也还是要走到他面前,鞠躬致意后再坐回自己的位子。寒暄,尽量在靠近对方以后。

这样,对方会因你特意近前寒暄而心生好感。

并且,寒暄时不要在自己与对方之间放任何东西,这才算完美。也就是说,不要用东西在自己与对方之间划出界线。在两人之间,就算只有一杯茶也是一种妨碍。

如果是宾馆休息室,中间可能会有餐巾架,只要你们之间有东西,再小也一定要移开。

有领导能力的上层人士一定会做这件事。试想,总经理走到新员工面前,啪地拍一下对方肩膀:"很努力啊!"仅此一言一行,这位员工就会很开心不是吗?

好好说话的规则

进入对方的私人空间寒暄试一试

"啊！我今天也想吃鱼了。"点餐时，跟上司点一样的

动物界中，一起开心进餐的大概只有我们人类。其他动物，基本都是躲起来吃。

所以，这一行为也是相互展示作为人的一种本能。正因如此，一起进餐才容易建立起良好的个人关系。

一起进餐时，希望大家有意识养成一种习惯，喝的要跟大家一样，像所谓"先来杯啤酒！"

大家都点了一样的，就不要自己一个人点不一样的。

吃午餐时也一样。假设 A 套餐是肉，B 套餐是鱼。若上司点"鱼"，那自己也点"鱼"，要点相同的套餐。套餐一样，

就可以创造出共同话题,像"这鱼真好吃啊!"等等。

如果是恋人,当然可以共享不同美食所带来的乐趣:"你点肉?那,我点鱼,俩人各一半,分开尝尝吧。"但这只有关系亲密的人才可以。

所以,若上司点了鱼,就暗示对方"你也一样",比如说:"啊!我今天也想吃鱼了。"

有了共同话题,意识到拥有相同的感觉,会快速建立起良好的关系。

一起进餐,是建立良好关系的绝佳机会。

好好说话的规则

进餐时,
点一样的菜就会拥有共同话题,
并会因此建立起良好关系

饮料温度一样，交谈节奏也会合拍

刚才说，跟上司共进午餐时，点餐一样比较好，但若每次都说"我也一样"，就会让人感到不自然。若给人留下"没有自主性"的印象，那就本末倒置了。

在这种情况下，不妨将意识放到"温度吻合"上试一试。

比如，如果上司点了热咖啡，那你就不要点完全相同的热咖啡，而是点一杯热茶。重点不是咖啡还是茶，"热饮"才是关键。

为什么要温度吻合呢？因为喝的时间节奏一致。

热咖啡很热，得一点点啜饮，喝得比较慢。但冰咖啡，有时候甚至会拿吸管一饮而尽。如此，喝的时间节奏不同，交谈的节奏也就不一致了。

此外,饮料温度吻合了,也更易于品味双方的相同心情。心理学实验中有这样的事例,若手里端的咖啡冷热不同,其后的判断结果也会有异。

选择温度一样的饮料,情绪张度、节奏感就会跟对方一样,交谈会很有气氛。

在这里,顺便谈一谈高级篇。

若所谈之事消极,或有事相商时,适于喝热饮。叹气的时候,会"呼——"一声吐出一口气。喝热饮时也一样,也想"呼——呼——呼——"地吹一吹。

相反,当话题比较积极时,则适于喝冷饮。饮料的选择不因季节而定,夏天就喝冷饮,冬天就喝热饮,而是结合话题内容确定饮料温度,这,就是高级篇。

"有个好消息向您报告,您有时间吗?"这时候要是喝热热的咖啡,情绪就会低落下来。

但如果点一杯冰咖啡,一饮而尽:"合同,签啦!"

那双方的情绪也会高涨!这要是热饮,喝的节奏太慢,气氛也不会热烈起来。

饮料选择不只根据季节,也要结合谈话内容,如果你掌握了这个技巧,就向成为一名成功的商务人士迈出了一步。

好好说话的规则

饮料,要结合谈话内容进行战略性选择

尽量不要说"忘记了"

想着要报告,却一时疏忽给忘了。这时候实话实说,说自己"忘了"并不理想,会给人留下做事马虎、不认真的印象。

若对电视台行话"闲料"有所了解,遇到这种情况就能有所帮助了。

所谓"闲料",是指什么时候都能用的"无限制库存材料"。

新闻——NEWS,是由 NEW(新)的复数形式演化而来。正常而言,当天采到的消息若不当天播放就不是 NEWS(新闻)了,但"闲料"不同,因多是应季花卉,或是儿童话题,晚两三天再播也没关系。那在新闻节目中,已经过去两三天,不再是 NEWS 的"闲料",又是如何处理成新闻的呢?

方法之一，就是用"前几天"一词。

若播放内容并非当日话题而播报准确日期，观众可能会有疑问："为什么今天播啊？"这时候，就要用"前几天"进行模糊处理。只是，若这样处理，会损害新闻节目的可靠性，这就要在影像中放入准确日期。只是不用嘴播报而已。

若将这一处理方式应用到商务活动中，那一时疏忽忘记报告时，口头报告时就说，"前几天，有这样一件事……"，但在书面报告中，要标明准确日期。

请比较以下两种表达方式：

"忘记告诉您了，前几天，有过这样一番交涉……今天上午，客户就此事咨询过。"

"今天上午接到了客户的咨询，特向您报告。前几天，有过这样一番交涉……"

怎么样？有没有感觉到后者更为周全。"忘记"一事，没必要特意去说。

先说"现在的时间"，并将其作为主语，听起来就不像是忘记说了。

致谢时也一样。

明明马上致谢就万事大吉了,可一不留神给忘了,怎么办呢?

就说"一直想见您,今天带这个来,感谢您前几天的帮忙"。而没必要特意告诉对方忘记了。

若加以灵活运用,也可以发邮件致谢:"看到○○,想起了您,想向您表达前些时候的谢意。"用"想起○○"这个短语,就不会给人以忘记了的印象,反而会给人留下"特意来跟我联系"的好印象。

好好说话的规则

对"前几天"一词驾轻就熟，给对方以周全之感

多嘴一句，会损害此前的信任

很多年轻员工说话时，不知要点何在，这就会说很多话，而给人以多嘴之感的情况也多有发生。问题在于，有时只多嘴一句，就会损害此前的信任。

实际上，只要抓住要点，就能判断哪些话该说，哪些话不该说了。

此外，令人遗憾的是，有的人要么怎么想就怎么说，要么就把思考过程都原封不动地实况转播了……

这会让人认为你没有整理能力，有损对你的印象。

刚参加工作时，我在 NHK 得到的忠告就是，"没有意义的话不要说"。具体而言，就是不要应付地附和对方，不要多嘴多舌说些无关的话。也就是说,说话不要无的放矢。

也有这样一种情况,交谈中,对方的话一说完,想到自己必须说些什么,结果就画蛇添足,多嘴了。

对方所说的话,若自己没有同意或反对之意(目的),就不要多话,只点头就可以了。

多嘴,或许是因为要勉强自己说什么。

但若只是点头,就不会有人说你多嘴。

不知道该说什么就保持沉默,点头。这种时候,因想说句什么机灵话而开口,结果就往往会成为"多嘴"。

好好说话的规则

说话无的不放矢,保持沉默,点头

为不让人"烦"你,不要用转折连词

特别是刚进公司不久的年轻人,希望他们注意的是,不要用转折连词起句。

说话时,经常有人以"但是"这样的转折连词,或以"这个……"之类的词语开始。或许是因为不敢直接说结论,就以连词起句了。但这样的人会让人反感。

比如,"但是,这不就○○了吗?"这样以连词起句,以疑问词结句的说话方式,听起来感觉并不好,可能给人吹毛求疵、爱找碴儿之感。

对上司、前辈所说的话,不要用转折连词接。给你指导,得到的却全是反驳,就会感觉你为人消极,也就不想跟你说话,不想把工作委托给你了。

"但是"一词本用于表达反对意见,却成了一些人的口头禅。即虽以"但是"起句,最终意见却既非反对,也非其他什么。

如果是正反方辩论,有时虽会用到"但是",但在平时的正常谈话中,部下不宜对上司使用。有替代方案时可以使用,但没有这样的方案却又以"但是"起句,听起来就像纯粹在找借口了。

不可否认,没有连词,起句会有困难之感。

因为在谈话中说"但是""这……"的时候,经常是在考虑要说什么。一边考虑要说什么一边说话时,不自觉就会以连词开头。话到中途,也有人一边说"哎……""这个……""那个……"一边考虑该说什么。

但在别人看来,这只是犹豫不决、靠不住的表现。因此,说话时尽量不要用连词。考虑接下来该说什么的时候,沉默就好。用多余的连词接话,仓促行事,不如在谈话中留出空白,反而会给人以沉着冷静、深思熟虑之感。

特别是回话时,起句请避开连词。

若能"啪啪啪"由结论切入,就是成年人的谈话了。当然,像"您说得不对"这样的话很难出口,这时就可以加入弹性缓冲,"您的话我不该多嘴,可是情况并非如此……"。

但若连词并非用于弹性缓冲,而只是犹豫,或争取思考的时间,那就尽量不要使用。

好好说话的规则

尽量不要用转折连词对话

选择对对方有利的话题,帮你收获信任

进入公司第一年,因社会经验尚浅,跟上司或有业务往来的公司负责人交谈时,有时候不知说什么才好。特别是学生时代的事,可能会犹豫说还是不说好。

进公司第一年,请把话题的选择焦点,放到对对方有利的话题上。

若对方想听学生时代的事,当然说就可以了。比如,若对方想面向年轻消费者开发商品,你就可以说,"学生时代曾这样想过"或者"学弟学妹们在想这样的事情"等。若能提供这样的信息,话题就对对方有利。

如果不知道对方的愿望,就算聊一聊无伤大雅的天气,也能创造出有利点。比如,"好像傍晚会下雨。您带伞了吗?"对没带伞的人来说,这就会成为有利点。也就是说,选择话题时,不说自己想说的,而说对对方有利的,哪怕好处只有一点点。

对对方进行事先了解时,也要有意识地搜集能给对方带来好处的信息。有的人,虽会在见面前事先了解对方,但结果基本会是这样:"您喜欢○○吧""您在做○○吧",接下来便告冷场了,谈话持续不下去。被你这样一问,对方说:"是啊。怎么了?"谈话也就到此为止了。但若添加对对方有利的点,自己所做的事先了解就会有事半功倍之效。

好好说话的规则

尽量说对对方有利的话题

邀请时需要"严谨",能获得对方的信任

进入公司第一年,希望能意识到的一点是,让对方跟你见面,就是让对方为你付出时间和金钱。若把面谈时间换算成对方的时薪,会是多少呢?

与学生时代不同,商务活动是基于利害关系运转的,必须时时意识到对方为你花费的时间。

因此,预约面谈时,严禁使用暧昧不清的约请方式。比如"您有时间吗?",或者是"想跟您聊一聊"。这种方式会让人为难,既会想"到底有什么事?"也可能心生拒绝之念:"要真的只是聊一聊,就算了吧。"

想约对方面谈时,也不能说"能听听您的意见吗?"说"有事相商"也同样不可取。

要告知对方详情,比如:"想就○○与您相商,恳请指点。"

此外,不要说"稍作打扰",而要以明确数字告知所需时间,比如"30 分钟""1 小时"等。

说"稍作打扰",本以为最多花 30 分钟,可一去就待了 3 小时……那对方后面的安排就全乱了。

不提前告知时间,费时超出对方所料,那很可能就没有下次了。

进公司第一年,约请对方面谈时,要明确告知约谈目的及所需时间。

这一点若有失严谨,那就要作好再无下次的思想准备。

> 好好说话的规则

"有点事想找您商量……"为商务禁语

专栏1 "严谨得体"的人具有行业气息

作为社会人士的"严谨得体",并非千人一面。银行有银行的"严谨得体",外资企业有外资企业的"严谨得体"。因行业、公司不同,"严谨得体"的标准也各不相同。

言谈举止要意识到:自己是哪一类社会人士。

说"在我们公司如何如何"之前,应该有"在我们这一行业如何如何"的行业性"严谨得体"。因此,只要具备○○行业的"严谨得体"就可以了。

若是银行,不言而喻要着西装。但若是媒体,或许穿T恤都没关系。了解这样的标准,并身体力行,就会具有行业人士的气息。

而要了解不同的行业性"严谨得体",就去调查行业传统。多观察上司或前辈,若仍不明白就问。进公司第一年,这是容许的。

如果到路上去观察,通过人们身上散发的气息,就可以大致判断出自己的同行。踏入社会第一年,身上还没有这种行业气息。而具备这一气息,就是在做一名"严谨得体"的社会人士。

学生时代,身上总是带着○○大学的标签,但一踏入社会,就要尽快将其剥掉,并更换为行业人士的标签。

进公司第一年,总是贴着从前标签的情况很常见。而你需要做的,就是不要散发出过去的气息,要散发的,是自己将来想成为的那种人的气息。

"你不会是从事○○工作吧?"

要让人在居酒屋里第一次见你,就能猜中你的行业!

做一个这样的人吧!

第二章

好好说话②

会说话的人 更善于倾听

进公司第一年,重点在于"要点归纳"

要出成果,就要在初次见面时让人感到,"这个人很严谨,很得体""交给他,放心"。即得到对方的信任。

为此,要一心一意地倾听。

也就是说,没必要由自己制造话题,或者要把话说漂亮,等等。特别是新的话题材料,没必要由自己挑起。

那说什么才好呢?只要先听对方说,再归纳其要点就可以了。

如果对方就自己目前的情况说了什么,你就归纳一下:"也就是说,要点在于△△,对吗?"

在这里介绍几个要点归纳的实例,供读者参考。

○对方的话

"实际上,之前从贵公司采购的产品很不好用,操作的时候让人着急。○○的确是方便,也是新功能吧,可△△的时候就报错,也太花时间。忙的时候,一出现这种情况就想,可能,还是之前那家公司的产品好,干脆退货算了……"

○归纳其要点——

"添了这样的麻烦,很抱歉。您指出的问题是,尽管○○这种新功能很方便,但△△报错多,浪费时间,对吗?"

这样归纳一下对方所言之要点,就会让人感到:"这个人,在认真听我说话。"

像这种近于投诉受理,需认真对待的场合,这一点特别重要。

有了这样的反复交流,对方才会想:"再找时间跟这个人说说?"

但进公司第一年,不自觉就会像面试时展示优势、特长一样,先把自己的意见给说出来了:"我认为○○……"

自己的意见,对方想听的时候再说。这一点非常重要。除非对方希望你积极主动地说,否则,就要先听对方说,再归纳其要点。

归纳要点的好处,不只是让对方感到你"在认真听我说",还有一点是,因为你只是重复对方的话,不会在口语表达中出错。

会说话的人运气都不会太差

刚踏入社会不久，用自己的话说，就可能在敬语使用及措辞中出现某种错误。但若只是重复对方的话，就无此担心了。

谈话的成立基于三种模式："最先发言""附和"和"变换说法"。

进公司第一年，希望注意的是不要"最先发言"，而是用"附和"与"变换说法"加入各类谈话。需要特别注意的是，因"附和"易有形式单一的呆板感，所以要多准备一些"变奏"。如有各类用词"变奏"就再理想不过了，但很多人却只会用"是的""对啊"，这就要用音调的抑扬和强弱赋予其"变化"。

同样是"是的"，兴高采烈的"是的"与低沉的"是的"，给人的印象截然不同。只要有意识控制声音的大小、强弱、速度[①]和高低，就能创造出各类"变奏"。谈话中出现上述"变奏"，就能让人感觉你在"认真"听。千万不要连珠炮般，全都是兴高采烈的"是的"！

---

① pitch，此处指音调。——译者注

好好说话的规则

附和要有"变奏"

如要示以认真,就只附和一次

附和对方时,有一点需要注意:不要反复多次地附和。

"是的,是的。"重复两次,对方可能会感觉被你当傻瓜一样。"是的",一次足矣。点头时也一样,点得太勤,次数太多,就会给人不够认真和轻率之感,有损谈话效果。

特别是进公司第一年的人,不自觉头就点得太勤了,这一点要有意识地纠正。不妨回想一下电视中的访谈节目。嘉宾说话时,播音员应该是不会说话的,而是看着对方的脸,慢慢地点头。而在附和时,播音员的声音也不会与对方出现叠加。这种叠加叫"串音干扰",谈话中要避开。并且,他们一定会等对方把话说完,再问下一个问题。

但在综艺节目中,搞笑艺人有时会特意制造串音干扰来活跃现场气氛。但这只是特例。因串音干扰接近于打断对方,所以,进公司第一年要避免。

附和,只一次。

点头,只深深地点一次。

这两点,要记在心里,多加留意。

好好说话的规则

附和,只点一次头

边"敲键盘"边说,可改掉口头禅

谈话中,有些成为口头禅的词明明不说为好,但不经意中还是说了。但措辞、表达习惯等,自己又很难意识到。怎么办呢?

我一直在教的一个方法是:好好听自己说话。

或许你会认为,自己说的话,当然也"在听"。但这只是"听到"了声音,而不是好好听自己说话。要想认真听自己说话,下面的训练非常有效:

我称之为"想象—打字"法。

首先,请想象脑子里有一个电脑键盘。然后,自己所说的话要一边想象在键盘上输入一边说。这样,语速就会慢下来,自己所说的一字一句也会听得非常清晰。

若在谈话过程中使用"想象—打字"法,就会明确意识到自己的口头禅,"啊!刚才无意中又说'明白了'!"或者"几次都只说'哈'了!"等等。

如果是自己发言,这会很辛苦,但若只是附和,"打字"毫无问题。

还可以试一试智能手机的语音输入。说得太快,软件会无法识别。语音输入时,不把一句话分开慢慢说,就无法准确地转换为文字。就用语音输入能把你的话准确转换为文字的节奏,一边慢慢说,一边好好听自己的话试一试。

只要能把握自己的表达习惯及措辞中的"口头禅",下一步,在谈话时有意识地改掉就可以了。

好好说话的规则

要想改掉口头禅，就要好好听自己说话

改掉令周围不快的表达习惯

表达习惯，自身很难意识到。可以问一问好朋友或自己的恋人："我有什么口头禅？"让他们帮你指出来。

关系亲密，平时经常跟你说话的人是知道的。比如，"你经常说'明白了'""有老是点头的习惯"等等。平时，他们虽会在意，但却并未特意指出来，或许，只要你问就会告诉你。

果断地问一问吧。

要纠正别人会在意的口头禅，首先要强烈地意识到"自己说话带有口头禅"。这方面只要有自觉，就能有意识地改正。相反，若没有自觉，一辈子都可能改不掉。

我自己也有个习惯，就是该说"嗯"时却只说"嗯哪"。

实际上，直到最近都一直不知道还有这个习惯。说起来丢人，我都从事播音工作了也没注意到这点，直到做演讲工作，自己讲过的内容打成文稿一读，这才意识到。

或多或少，每个人都有自己的表达习惯。第一步，是要知道。明明正确说法是〇〇，自己却总是说成△△。有时候，这会逐渐成为一种表达"个性"。

最糟糕的就是，对这个"个性"没有自觉。自己能意识到并将自己的"个性"作为武器，和连有此习惯都不知道，是有天壤之别的。

如果因为你的表达习惯，不知不觉间，不断令上司或同事不快，其损害将无法估量。所以，希望大家尽快予以纠正。

让别人指出自己的口头禅可能会难为情，但是，果断地问一问吧。一旦他们指出来，就要有意识地改正。

好好说话的规则

谁都有口头禅。
要让别人帮你指出来,加以改正

谈话中记笔记,对方会感觉你"在认真听"

对社会人士而言,在交谈或会议中记笔记,可以说是最为重要的一种行为方式。报社或电视台记者手里,总是拿着一本"采访笔记"。采访中,总是一边用录音笔(机)录音一边做笔记。

实际写稿时,要说更多地参考录音还是笔记,那当然是录音。录音参考之多是压倒性的。既然如此,为什么记者们还要记笔记呢?这是为告诉采访对象:"我在认真听。"

比如,在包围式群采(在正式记者发布会之外的地点,采访对象被记者们团团围住进行的采访)中,部长说话时,即便有声音有录像,也几乎没有记者只听而不做笔记。在某种意义上,记笔记就是一种表演。

正因如此，成为社会人士的第一年，记笔记就显得特别重要了。你要以这种方式告诉对方"我在认真听""你的话我会好好记住"。

如果一开始没记笔记，也可以在谈话中途问："我记一下可以吗？"然后就可以拿出笔记本记。这也是一种有效的表达方式。对方会明白，你感觉对方的话有价值，想记下来。

此外，被叫到上司办公桌前时，也一定要带上纸笔。空手过去，上司可能会不放心："我的指示你能记住吗？"

为得到对方的信任，除说话"严谨得体"，再记记笔记，就可谓相得益彰，1+1＞2了。

好好说话的规则

认真记笔记,
"严谨得体"的形象会深入人心

"好好"鞠躬的人会得到信任

鞠躬"停留"处,尽现"得体"感。

唰地低下头去,立即直起身来,这是敷衍了事。

鞠躬,不是让对方看到你的低头动作,而是低头后的暂作停留。这才是商务活动中通用的鞠躬方式。再就是先鞠躬,之后再说:"非常感谢!"

即动作在前,话语在后。因为,若是由衷"感谢",就谈话未出口,身体先动。

换句话说,身体先动,会让对方感到你的话是发自肺腑的。

礼仪培训中的做法或许是相反的,即先说"非常感谢!"然后再鞠躬。的确,在接客服务业,这种方式是对的。因为,较之真心，与客人之间划出一条线，再提供待客服务，才是接客服务业所要求的"严谨得体"。

●给人以严谨得体感的"鞠躬"方式

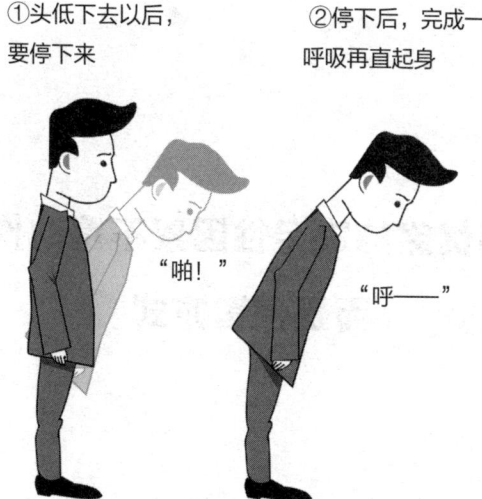

①头低下去以后，要停下来
②停下后，完成一次呼吸再直起身

话语在前，还是鞠躬在前，较之哪种正确，关键在于如何区分使用。进公司第一年，要鞠躬在前，话语在后。头低下去以后，要"啪"地停住。

务请大家意识到这一点。

如此，会给人一个"严谨得体"的好印象。

好好说话的规则

鞠躬优劣的决定性因素不是动作，而是停留方式

加入数据:"交货98个""进展率98%"

向上司报告时有一个重要事项,可以说是基本中的基本。这就是,报告时要加入准确数字及固有名词。

比如,订购了100个商品、"交货98个"、"进展率98%"等,报告数字非常重要。

当然,没必要努力把数字、固有名词牢牢记住,也没必要表现自己"都记住了"。准确性有要求的数字、固有名词等,一定要做笔记,再看着笔记报告就可以。同样的数字,是看着笔记报告,还是记住后报告,会影响报告的准确性。

也就是说,无论走到哪里都要把笔记本带在身上。顺便说一句,我用的笔记本一直插在多用途手册的日程册后面。这样一来,既可以做笔记,谈话途中要确认日程也不会着急,谈话也能不受影响地继续下去。您不妨也试一试。

报告时,还有一点也非常重要,即一定要用第一手信息。所谓第一手信息,是指自己亲眼看到或亲耳听到的信息。而二手信息,则是指来自第三方的信息。比如"在电视上看到的""杂志上写的"等,这类笼统、模糊的二手信息是不够充分的。报告必须是明确信息来源的第一手信息,比如:"到○○现场,(我)看到……""到○○公司拜访,(我)听到……"

一定要意识到,作为社会人士,只有二手信息的谈话是低水平谈话。

> 好好说话的规则

正确记录数字、固有名词等，报告用第一手信息

"明白了""知道了"会让人感觉高高在上

有些词,社会人士不用为妙。

首当其冲的,就是"明白了""知道了"。因为这些词是上对下使用的,进公司第一年还是不用为好。

"受累"也是上对下用。要用"辛苦了"。

这类词,本身包含有上/下关系,事先了解很重要。

"大致(基本)……"也是禁词。上司让你整理资料,结果,完成以后你报告说:"大致(基本)整理好了。"上司听了,可能会有偷工减料、敷衍了事之感。"姑且(暂且)""赶出来了"之类的用词也一样。

●措辞做以下替换，给人留下良好印象吧！

× 明白了 / 知道了

○ 不使用

× 受累了

○ 辛苦了

× 大致、姑且、赶出来了

○ 不使用

× 正要做

○ 5 点前提交

× 请您再具体一点儿

○ 不使用

这些措辞都要极力避开,不要使用。

此外,当上司着急催你,问:"那份资料还没整理好?"这时,也不要说:"正要做。"问"还没……?"就等于说你"太慢了"。这时,要确定具体完成时间再回话,比如"△点前交给您"。

好好说话的规则

行事严谨的人,不用"大致"之类的禁词

为不给人狂妄感,不要打断谈话

有人会在对方说话时插话说:"这我知道""这我明白"。

就算你知道,你明白,也不要打断对方,而是要听下去。话被中途打断,谁都会心生不快。

同样的事,上司反复多次对你说过,有时话到中途,你就知道结论了,或许就想说"这个您已经说过了""这我已经明白了"。但这种时候要忍住,不要打断,要听他把话说完。

打断别人的话,会给人以狂妄之感,没有耐心。对你没有任何好处。

在新闻节目中,解说员之间绝不会中途打断对方。当然,也是因为有脚本,但即便是没有脚本的访谈,基本也不会中途打断对方。

  但所谓不打断，只是说不用话打断。希望对方差不多结束时，不要用语言，而是用态度传达给对方。比如不再看他的眼睛，比如停止笔记，或对他的话不再做出反应等，用这样的态度全力告诉对方："差不多就结束吧。"也就是说，与"在认真听你说话"的态度反向而行，对方就会结束发言。

  话虽如此，但太极端了又会有失礼貌。那就用目光游移、心神不定等方式提醒他。

> 好好说话的规则

不打断对方的话，
也会提高他人对你的评价

认真看表而不是扫一眼，会让印象变好

或许，你曾听说过这样的商务礼仪，即话到中途看表会让人认为，你希望快点结束，印象不好，所以就不要看。的确，正说话时，若对方扫了一眼表，你也会在意吧。

但如果无论如何都想知道现在的时间，也有个办法，那就是去看对方腕子上的手表。既能知道时间，对方又觉察不到。但如果对方没戴表呢？那就只能看自己的了。

看自己的手表时要注意，不是扫一眼，而是认真确认一下时间。这反而会让印象变好。因为，不经意看一眼表的动作，会让对方感觉你走神了。

看表的时候，不要低头，而是抬起腕子认真确认。

若对方认为看表有失礼貌，也有一个办法，即事先把表放到目光的纵线上。

在新闻节目的演播室，在解说员正对面的摄像机与手边的稿件之间，即视线纵线上，会放一块表。

如果表在上方或视线横线上，那想看表的时候目光就会游移。但若在视线纵线上，表会自然进入视线之内，目光就不会游移了。

手表如果摘下来就放到无须大幅转移视线，而是能自然看到的地方，如笔记本旁边。这样就不会有这些烦恼了。

好好说话的规则

手表，要么认真看，
要么放到视线纵线上

令目光更有力的"秘诀"

目光有力的人，会让你感觉到一种干劲和认真。

说话时，好好看着对方的脸很重要，可一旦焦点放到了对方脸上，目光的力度就会减弱。

在面向选举的演讲指导中，会进行演讲训练。而没有议员经验，第一次做候选人，训练重点，就是目光的力量。

尽管是第一次出马，没有政绩，但只要目光有力，就会让人感觉："说不定，这个人会出人意料的能干呢！"相反，一旦目光无力，人们可能就会想："这个新候选人行吗？""经验太少了吧！"

为以有力的目光显示自己是"来真的"，一个行之有效的训练方式，就是将目光的焦点放到听众身后。比如支援者们集会，举行誓师大会时，就要看着会场中最后面的人演讲。

从"新人"这层意思上来说，成为社会人士的第一年，与初次参选的候选人一样。要让人感受到你的认真程度，无论如何都要加强目光的力度。如此，周围就会对你充满期待："说不定，这家伙能干好！"

举个例子。做工作简报时，要让目光有力，就让谁站到房间后面较远的位置，讲话时看着那个人，会产生很好的效果。

而在听人说话时该怎么办呢？那就不要看着对方的脸，而是把焦点放到他（她）后面。要是在会议室里，就把焦点放到对方头部后方的墙壁上，即让视线穿过对方，投向其身后。这会让焦点集中到一点，目光就会有力。而一旦目光有力，就能加强自己的说服力。而听对方说话时，则会让对方觉得你在认真听讲。

可以说，这是让对方感觉你很能干的视线法吧。

> 好好说话的规则

焦点放到对方身后，会让人觉得你很能干

"四目相对"让你局促,怎么办?

说话时看着对方的眼睛,是社交礼仪基本中的基本。可就算告诉你"请看着对方的眼睛说话",几乎所有人也只是看而已。印象中,与其说在看,不如说只是在面向对方。

原因在于"目光"不够有力。

说话时,要切切实实地四目相对。不只是用嘴,也要用眼睛说话。但能做到的,却只有极少数人。于是,就告诉他们:"请你说话时去找对方的睫毛。"

不是"看",是"找"。

人在找某样东西时,会聚精会神,直到找到。找东西时的目光相当有力,像能穿入对方的眼睛深处一样,送去"以目传情"

的"秋波"。

　　说话时目光有力的人,会让你感觉到一种干劲和认真。而上司,应该也想把工作交给这样的新员工一试。

好好说话的规则

加强目光力度,去找对方的睫毛

交换名片的"正确方式"

交换名片时,要给对方留下深刻印象就要"先下手为强"。

所谓"先下手为强",是指抢先一步去看对方的眼睛。交换名片时,为看到对方的名片,多数情况下基本不会看对方的眼睛。所以,当目光离开名片,抬起眼时,发现对方正在看你,会不会吓一跳?

也就是说,这一刻,是能够展示你的目光力度的。

交换名片的基本方式,是下对上、拜访者对被拜访者先递。递名片时要正面对方,一只手拿名片,另一只手托附,递过去的同时自报家门:"○○公司山田。请多关照。在××部从事△△工作。"为表谦逊,递交时名片高度要低于对方。若在同一时间递出,就互相以右手递,以左手接。

第二章　会说话的人 更善于倾听　113

● **交换名片时，要看着对方的眼睛以示热情**

看着对方的眼睛

　　递名片时，眼睛不要移开。若是初次面谈，就要四目相对，以你的目光力度给对方留下印象。仅此一点，你的认真、干劲就会刻在对方心里。

　　一般而言，交换名片时，各自报完家门时会互相去看对方的眼睛。

　　但进公司第一年，较之同时递换名片，自己先递的机会会更多。这时，希望大家一边递一边说："前不久刚进公司的

○○。请多关照。"且在此过程中,目光不要离开对方的眼睛。因对方看过名片后一定会抬脸,对方抬脸时,即与之四目相对。一旦四目相对了,再把视线移开也并无不妥。

与政治家或上市企业的经营决策层干部见面,当我以这一方式递交名片时,对方基本会在我看对方的同时,同样看着我的眼睛。这时,会瞬间感到一种自身能力被看透的紧张。

或许,在交换名片时,他们会揣摩对方的干劲及热情吧。

好好说话的规则

交换名片时先下手为强，
看着对方的眼睛

用"1/3 与 3 倍法则"强调自己的话

说话时,如想强调某一部分,一个有效方法是,以沉默留出空白。

留出多大空白才好呢?

7 秒。

我称之为"1/3 与 3 倍法则"。

这是个什么法则呢?就是说,沉默所营造的"空白"长度,说的人感觉到的,是实际长度的 3 倍,而听的人感觉到的,则只有实际长度的 1/3。

比如,若沉默 5 秒,那说的人会感觉,像是沉默了 15 秒,而听的人则感觉,只有两三秒。 本来,所留空白一呼一吸,即两三秒刚刚好，但说话人若不有意识地留出 7 秒，那就连一呼一吸的空白都留不出来了。

所以，就留出 7 秒的空白吧。

留白，哪怕是在句子中途也没关系，想强调的时候就把空白留出来。

"这话只在这儿说，（留白）只要您今天作出决定，（留白）就半价给您。"像这样，在想强调的词语前后，留出空白。在句子中间也没关系，重要的是戛然而止，突然沉默。

我把句子中间的沉默叫作——"用'点'沉默"。这里的"点"，不是用标点符号中的句点"。"，而是逗点"，"。用逗点沉默，空白后面的词就能得到强调。

好好说话的规则

想强调时,沉默 7 秒将非常有效

用"一直"来表达，会得到支持和帮助

年轻员工表达自己的希望时说"我想加入该项目"或"将来想去该部"，有时会给人以自我中心、任性之感。为避免这一印象，有这样几种表达方式。

一是用"一直"这个词来表达。告诉对方，"我一直在这样想，这样做"。

比如："这是我自儿时起一直未变的梦想""从读高中时起，一直在学习这方面的知识""自进入公司，一直在这样做"等等，即以过去的继续来表达。

只要善于用"一直"来表达，就不会给人以不过是一时任性之感。

能说"一直"的人，会得到周围的支持，在合适的时候想到你，"这个部门出了个空缺，对了，那个新员工有过这样的愿望啊"。这样，要实现自己的愿望就变得容易了。

对于安排给自己的角色或工作，有的人会马上请辞。这会令人不快，但即便如此，想辞了，只要能说服周围就可以。这时，若能用"一直"来表达，就能得到理解。比如说："一直在考虑这件事，到现在都很烦恼，但还是只能请辞。"

如果你心中没有可以说"一直"的什么事物，或许就只是你的任性了。你自身有没有什么想法，是可以说"一直"的？

现在，再自问自答一次。

好好说话的规则

要让对方感觉到你的热情,就用"一直"

能讲述公司历史、描述公司未来的人会得到高度评价

要得到"是把好手"的高度评价,就要展示你对公司的热爱。特别是,如能对上司或公司外部的人讲一讲自己公司的故事,那就再好不过,堪称无敌了。

比如,如果你能对上司说:"听说我们公司以前是这样的。"或许,上司也会开心地就他所知,给你讲更多的公司历史,发生过什么事,等等。如果你问:"10年前发生过这样的事,现在是这样,下一年度开始的五年计划是这样,对吧。我们公司10年后的目标又是什么呢?"对方就会佩服你:"了解得真是不少啊。"关于公司的未来,上司应该会很高兴地告诉你。

这些信息里，有时会有其他新员工不知道的新鲜材料。而上司讲的这类事情，就是能让你高出同期一头的那座宝山。

在公司外，也说一说自己的公司吧。有的人被问到公司名字时不明说，而只答以行业或地址："在制造业工作""在新宿那边上班"，等等。

当然，这不是在接受警察审讯，并非到哪里都非说公司名字不可。但在并无妨碍的情况下，大大方方说出公司名字，会给人一种代表公司发言的感觉而被人们信赖。

要谈自己的公司，就要事先调查和了解。

比如"创立时间""营业额"和"从业人数"，最少能准确说出这三点。

好好说话的规则

学着了解公司的历史

谈话要重视"最后的词"

日语中,最后出口的词会得到强调。特别是两个句子并列叠用时,被强调的就是后面的句子。

我在 NHK 负责新闻节目时,曾因节目中的画面文字标记错误而致歉,我记得当时说的是:"特此致歉并更正。"

在新员工培训用的指导手册里就是这样写的,我就按当时所学照读了。但演播结束后,前辈问我:"为什么说'特此致歉并更正'呢?"我说:"指导手册里是这样写的。"前辈说:"想想词的顺序!"

"特此致歉并更正"与"特此更正并致歉"看似相似,实则不同。不同之处在于,强调的是哪个部分。

从那以后,出现重大失误时,我就用"特此更正并致歉",而出现普通失误时,则用"特此致歉并更正"。

进入公司第一年,用"特此更正并致歉"的情况恐怕会更多。比如报告中出现错误,要更正时说:"非常抱歉!刚才报告中所说的○○应该是△△。"再比较一下这句话:"刚才报告中所说的○○应该是△△。非常抱歉!"这两句话的语感是不同的。

想强调更正内容时,把"非常抱歉"放在前面;想强调深感歉意的心情时,就把"非常抱歉"放在后面。

不管怎样,重要的是,错了就要坦率地道歉。

致歉的话最先还是最后说,给对方的印象会有变化,使用时,要有意识地加以区分。

好好说话的规则

"特此致歉并更正"与
"特此更正并致歉"

把反应好的话记下来,继续使用

进公司第一年,就是接连不断的一次次实验。

很多时候,自己所说的话,对方的反应会出乎意料。

建议把对方的反应记到笔记本里。比如受到对方夸赞的或给对方好印象的表达方式或者对方没什么好感的表达方式等,按对方反应分门别类地记下来。

经常会有这样的情况,自己感觉没意思,但听的人反应很好。相反,自己感觉很有意思,听的人却没什么反应。

把反应好的话记下来,想让自己的企划或想法通过,或希望与上司、前辈及同事的交流顺利进行时用出来,就会发挥其作用。

希望大家平时多留心的,就是与别人说话。不管对方是父母、邻居还是上司,让他们听后发表一下感想也很重要。可以提前加一句,就说:"现在我想学习敬语的用法和措辞方式,不恰当的地方,能帮我指出来吗?"

这就像车上贴的"新手标识",把表达方式的"新手标识"告诉周围的人。这样,他们就会毫不隐讳地指出你的错误之处。而对方指出来的地方,也一定要记到笔记本里。

好好说话的规则

把自己认为经典的谈话记到笔记本上

▶ 专栏 2　给人"严谨得体"感的人才能成为赢家

进公司第一年，几乎得不到说话的机会。

所以，较之所说内容及敬语使用的"严谨得体"，更重要的是语言之外视觉信息的"严谨得体"。

也就是说，外表要给人以"严谨得体"之感。

所谓外表的严谨得体，体现在理所当然的一些小地方，西装扣子有没系上，领带有没打歪，等等。

而最重要的，就是左右对称。

有时候，像休息时一样重心放在一只脚上，或自认为是立正姿势，肩膀却一高一低，即左右不对称。

这在无意之中，就会给人一种不够严谨的散漫印象。此外，身体晃动给人的印象也不好。

如要看上去严谨得体，就要穿合身的西装，便宜货也没关系。既没必要去定做，也没必要高档。只是，无论男女，都请穿合肩的西装。

穿不惯西装的话，为求 T 恤或牛仔的舒适感，会去买尺寸较为宽松的西装，这样肩部就会错位，导致左右不对称，看上去会有散漫之感。较之尺寸不合的高级意大利品牌，合身的日本制量产品牌远为得体，看上去更精神。

所以，要买合肩的西装，男士还要练习领带的打法。

关键在于——左右对称。有意识地注意服装及姿势的左右对称，会提升严谨得体之感。

第三章

好好说话③

会说话就是学会"值得信任"的表达方式

信任来自只说事实

望大家能牢记在心的,是只说事实。

即把事实与推测分开,事实与感情分开,然后,只说事实。

前辈教了自己什么时,有的人只会说"真不得了"。这种表达方式,首先措辞本身就有问题。其次,这只是感情,里面没有事实。

那该怎么做呢?只说事实就好。比如:"您现在告诉我的,以前真不知道",或者"这还是头一次听说"。

学生时代,只表达感情可能也没什么问题。比如:"这件事,你怎么看?""挺好啊!""真不得了!"

可一旦踏入社会,就要求你只保留事实了。

比如，就算你说"劲头儿十足"，但这种动机、心情，却是肉眼看不到的。必须采取行动，可以用肉眼看到，这，就是商业社会。

也就是说，"劲头儿十足"是指，相比每天都踩点儿进公司的人，提前1小时就到公司展开工作。这样的行动，才是"劲头儿十足啊！"

不是说："我会努力！要大干一番啦！"而是说："我会努力！从明天开始，提前1小时到公司！"这样一来就不是感情，而是事实了。

首先应该区分的是：自己现在所说的是事实＝肉眼可见的行动，还是感情＝肉眼看不到的心情。这样一区分，可能你也会吃惊地发现，自己所说的，全都是感情吧。

对社会人士来说，真正体现为肉眼可见的形式是一项基本技能。

所谓说话值得信任的社会人士第一年，基本中的基本就是，只说事实，并将事实与感情加以区分。

× "这可真不得了!"
→ √"您现在告诉我的,以前真不知道。"
→ √"这还是头一次听说。"
× "要大干一场啦!"
→ √"从明天开始,提前1小时到公司!"

好好说话的规则

区分事实与感情,只说事实

模仿行业性措辞

进入公司第一年应该做的一件事是,学会使用正确行业用语。

在知道正确表达的基础上,需要时打乱了用也是没问题的。但从一开始就只会乱用,那作为社会人士来说就有问题了。

这里的正确,不是语文意义上的语法正确与否,而是在你供职的公司,或在部门交流中,大家是否认为你用的术语是正确的。

也就是说,说话时要用这个行业所使用的措辞。而不是语法必须正确,必须像播音员一样字正腔圆。

要学会公司内使用的正确术语,就要找到"范本"。语法不正确也没关系,要从自己身边的人中找到范本,并模仿其说话方式。

在这里,推荐范本是自己所在部门措辞得体的前辈,或你的直属上司。

如有可能,就干脆宣称你要模仿谁。比如:"我要模仿前辈。""我要以部长的措辞方式为范本。"

没必要偷偷摸摸地学,进公司第一年,可以直接使用你的特权——"我不懂,请指教。"

进公司都5年了,这个特权就用不了了,但第一年,就可以先向周围宣称,再模仿。

"敬语、措辞等,我不是很会用,很不安。所以,请允许我模仿部长说话。"只要你这样说,可能部长自己也会注意措辞,有意识地把话说对,而不说错话。

在公司交流中所使用的正确术语,如果自己一一去查,并加以掌握,劳动量是相当大的,直接模仿会更快。

好好说话的规则

以身边的人为范本,尽快熟悉

"跑业务,也很懂经营"会受到好评

在商务活动中,会受到对方好评的表达方式不是说话有趣、善于表达这些。

而是要让人感觉到:"这个人有工作能力。"

而要让人这样想,就要回应对方的期待。这就要求你的言行要与工作、职务相符。

商务会面,都是以各自的自身职务进行的。见○○公司的营业部长啦,见营业部的新员工啦,等等。

"既是○○公司的,应该能做到这种程度吧。""既是业务员,这种程度应该行吧。"等等,即面会的人会根据其自身经验预测你。这就是对工作职务的期待。并且,只要能超出其预期,对方就会认为:"这个人,有工作能力。"

举个例子,如果你"跑业务,却很懂经营",就会受到好评。

这种时候,重要的是你要先知道,要面会的人对你是什么样的职务认知,了解之后再见他。"〇〇公司的新员工要来。"对方是只这样想,还是连你毕业于哪所大学都知道,应对你的方式就会不同。

比如,假设你要到有业务往来的公司总经理那里拜访。如果那位总经理跟你毕业于同一所大学,那么,"明明跟我一样,都是〇〇大学毕业的,可连这都不知道!"即一旦有违其期待,对你的评价就会降低。

要是只考虑自己的事情,比如"交换名片,不会出什么岔子吧""要见〇〇公司总经理,千万别紧张",等等,那就无法客观、冷静地看待自己了,这就很难受到对方的好评。要从面会对方的角度加以俯瞰,分析一下自己归于哪一类,就能知道对方的期待水平了。

好好说话的规则

进公司第一年,行动,
不要有违对方的期待水平

借助自我暗示，做想成为的那个人

要做想成为的那个人，借助语言的力量非常重要。漫画《海贼王》中，路飞的宣言非常有名："海贼王！我来做！"

这句话中，有两个大的特点。

第一个，不是表达"想做"的愿望，而是在断言——"做！"

"想做"，表达的是梦想。3年后，5年后，说不定10年、20年后，还在说"想做"，一直停留于"想做的自己"而无法成长。不久，"想做"就会成为过去时，到了说"曾想做"的耳顺之年了。

不是说："想做"，而是说："我一定要独立,做一个经营者！"不知什么时候，就真的变成了过去时——"做成了"。

所以，断言，更好。

这，就是所谓肯定式断言。

第二个，就是倒置，不是"我做海贼王"，而是"海贼王，我来做"。

一般而言，结论要放到最后，句尾会得到强调，并给听（读）者留下印象。这句话中，被强调的是"做"。且不是别人，强调的是，由我路飞来做。这就能给自己一个只有去"做"的方向性暗示。

进而，要给自己强烈的自我暗示，就要在语言之外加入视觉信息。

建议你每天都看着镜子里的自己，说肯定式的话语。

比如早晨起床后，一边在洗面池前刷牙，一边面向镜中的自己，看着自己的眼睛，说："○○！我来做！"

好好说话的规则

看着镜子中自己的眼睛，说肯定式的话语

越年轻越要口出豪言

进公司第一年,你有大谈伟大梦想的特权。

就算这伟大梦想有可能被批"幼稚",那也没关系。

管理层谈梦想,可能会有人说没有现实认知能力,但进公司第一年,就算是引人发笑的远大梦想,也允许你公开说。你拥有这份青春。

为上市公司干部做股东大会的演讲培训时,我经常问:"不能公开说,是不是因为您自己并不相信,这一数字目标能够实现?"

能对别人说,就等于是相信自身可能性。

或许有人会否定,但你自己对自己充满信心,这,就是青春。

正因你年轻,才希望你公开谈论诸如想在这家公司做什么职务,想做什么工作,又想如何改变社会这样的远大梦想。

所谓能不能对别人说,就像石蕊试纸一样。如果把梦想告诉别人会感觉难为情,那就追问自己,为什么会难为情。

比如,虽想到海外分公司工作,却又无法对别人启齿,那就请你想一想,这是为什么。

说不出来,就是内心深处并不认为这个愿望会实现。即,没有自信。

接下来请你分析一下,没有自信是源于什么。

如果你觉得"因为自己不会说英语",那只要努力去学英语就行了。

如果你觉得"因为同期进公司的A君更合适",那只要你付出的努力超过A君。

就算有人说你"幼稚"也没关系,请把自己想做的事公开告诉周围的人吧。伟大梦想的实现,就从这里开始!

好好说话的规则

谈论伟大梦想是进公司第一年的特权

与其显示能言善辩，不如卖拙

这还是 NHK 招聘考试时的事。

在 NHK 工作的职员都非常优秀。毕业于东京大学、京都大学那是理所当然，不只如此，哈佛大学的毕业生，还有双语人才……就是这样的一个世界。

在这样一群优秀人才中间，我的"商品价值"又是什么呢？

我毕业于一所地方女子大学。所以当时就想，我的优势就是"笨"，便决定以此为自己的卖点。

面试中考官问我："想做什么样的节目呢？"

当时，刚好是池上彰先生《儿童新闻》开播第二年。于是，我回答说：

第三章　会说话就是学会"值得信任"的表达方式

"对我来说，NHK 的新闻节目很难，搞不清楚。专业术语也多，理解不了。但池上先生的《儿童新闻》我能看懂。我能看懂的话，在餐桌前看电视的观众也一定都能看懂。所以，我想做自己能看懂的新闻，像《儿童新闻》这样的节目。"

看电视的人，头脑再好也不会正襟危坐于电视机前，聚精会神地看。几乎所有人，应该都是一边做家务，一边吃饭，顺便看或听的。

这时候所处的状态，注意力不太集中，可即便如此，我也想做，以浅显易懂的语言、表达方式及影像，制作易于观众理解的新闻。

我想，这样说，会不会就能被录用呢？

不明白的事不要装明白。如果是进公司第一年，告诉人们自己不懂反而会更好。这，也是进公司第一年的特权。

好好说话的规则

告诉人们你不懂,不丢人

第三章 会说话就是学会"值得信任"的表达方式 153

 弃"提问"而用"确认",会给人以"有能力"之感

查词典、查参考资料就能明白的,要自己去查,但若仍不明白,就要有问的勇气。

进公司第一年,要有意识去寻找可以向其求教的人。当你遇到疑问时,那个会开心、详细地指教你的人。

要注意的是,所有问题,都要在"碰头会"时间内问完。如果是针对企业干部的事前碰头会,其本人基本上不会出席,要与之碰头的是秘书或部长级别的人。要问,就一定要在碰头的地方问。只是,如果问前不做任何调查,从零问起,就会令对方心生不安:"不要紧吧……"所以,一定要做事前调查。

问的时候,不知道和知道的,要配套提问。也就是说,不是"提

问"，而是"确认"。

　　要在基本调查的基础上问，比如："我理解到了这一步，这样理解对吗？"如果错了，对方就会告诉你："我们公司的惯例不一样……"

　　从零问起与确认全然不同，是两回事。建议把提问的形式转换为确认再去问。

　　此外，自己付出努力去调查了，就会产生无须考虑面子，当面"请您指教"的勇气。

　　但就算对方感觉"这人真笨"也会原谅你，当然这只会发生在你进公司的第一年。所以要这样问："到这一步我都查过了，后面的还是不明白，务必请您指教。"

　　年轻一代有个倾向，所有事情都到网上去查、去问。这也是一种方法，但有多大的可靠性和可信性，就不好说了。

　　前辈或上司就在身边，较之上网，更希望大家有勇气去问他们。

　　进公司第一年，很多事情不知道非常正常。较之爱要面子，偷偷去查，然后装出很懂的样子，还是拿出勇气说"这里不明白，请您指教"更好。

　　只是，问过一次的事情又反复去问，会给人"无用"之感，所以，这一点还是要多加注意。

好好说话的规则

不明之事,坦率求教

做一本"业务笔记",不会被视为无能

不知道学什么才好就去问前辈或上司,这一点非常重要。

要认识到自身知识的不足之处,并由此出发,努力去补充。

为此,根据各自工作需要,做一本自己专用的"业务笔记"会非常有效。

我当时从事的是播音员工作,天天与词汇打交道,就做了一本"词汇笔记"。还另做了一本"操作笔记",用以整理VTR影像编辑器的操作方法,里面还有手绘的插图。

你也做一本公司内部特殊用语、行业术语等的笔记,或记录业务所需信息的"业务笔记"吧。

自己查到的,请教上司或前辈了解到的,都记到"业务笔记"里。

搞错了的、很难记住的,都记下来。坚持下去,就会成为一本具有自己个性的"业务笔记"。

这本"业务笔记",会帮你高效、无误地处理并完成工作。也无须就同一件事反复请教上司或前辈,不会成为一个一无是处的新人。

"明明之前教过你""明明教过你多次……"如果让人产生这种想法,让人焦躁,或许就会被贴上"无用"的标签。

为避免这种情况发生,请务必做一本"业务笔记",有效利用。

好好说话的规则

做一本富有自身特色的"业务笔记"吧

演讲时,要想象大获成功的自己

所谓表达,就是原本只在你头脑中的影像,让对方下载到他们的头脑中;就是把只有自己能看到的影像,通过语言,投放到对方头脑中的白色银幕上。

这时,若自己的银幕上只能看到文字,那投放到对方银幕上的,也只能是文字。但如果自己看到了影像,就能这样表达给听众:"是这样的景象,大小是这样,颜色是这样……"

当众说话时,特别是做工作简报或演讲时,请有意识地把影像投放到听众的银幕上。不只是文字,还要描绘出栩栩如生的生动影像。这样,就能让听众感受到形象,而最终的结果,就是更有可能得到听众的高度评价。

此外，准备工作简报或演讲时，把要说什么记录下来虽然也很重要，但更重要的是，将顺利进行的场面加以视觉化想象。

因此，希望大家一定要做一件事——预先查看会场。如有困难，在开场前5分钟看一下也可以。在头脑中影像化想象一下，就在这个会场，你的工作简报或演讲，最终在热烈的掌声中结束的场面。

"最后，我会接受热烈的掌声"，倘只有这样的文字，就无法栩栩如生地想象。但看着实际会场，影像化想象就容易了：就在这个会场里，大家站起来，送来热烈的掌声，"太精彩了！"或是前辈满面笑容地拍着你的背，"很棒噢！"等等。

好好说话的规则

预先查看会场,想象大获成功的情景

回想曾经受到的表扬,打造成功体质

在工作简报或演讲中失败的人,很多都没看到成功的景象。"我想成功!"只靠文字想,不会栩栩如生地看到成功的视觉化景象。

相反,失败时的痛苦情景,却会像放电影一样,历历在目:"当时,遭遇过这样的失败。要再失败了该怎么办……"

对以前的经历,人们是比较容易在脑中回放的。所以,工作简报也好,演讲也罢,一旦体味过一次成功,就会像连锁反应一样,成功也变得容易了。

也就是说,回想成功的实际经历,成功就会变得容易。

但若没有获得在工作简报或演讲中的成功经历，回想其他的成功经历也非常有效。

比如，在学生时代的足球比赛中射门的那一刻，队友们把你团团围住，一起欢呼的经历；比如，被现在这家公司录用时，母亲边擦泪边说："太好了！祝贺你！"……

只要是成功经历，什么都可以。

请你回想一下过去受到称赞时的情景，回想时要具体。

简报或演讲，是由他人来评价的。所以，首先希望你回想的是，自己所做的事赢来了谁的掌声，或被谁称赞。之后，不管是会议还是其他场景，只要有一次工作简报被表扬了，接下来，只要回想这一经历就可以了。

如果是公司内部简报，可能是来自同样的人的多次评价，比如部长，比如总经理。所以，一旦被表扬过一次，就回想着被其表扬的情景，投入下一次的工作简报。

像"巴甫洛夫条件反射实验"一样，加上条件，将成功的景象印到脑子里，印到心里。并且，根本没必要将被表扬的经历限定为工作简报。

最简单的办法，就是给想受到其表扬的上司等泡杯香茶端过去，或给他买个好吃的小甜点。这样，他就会夸你一句什么，

"哦！谢谢！"或"心很细啊！"等等。把他当时的表情记在心里，做简报前加以回想。

知道表扬你是什么样的表情，想象简报成功而被表扬的情景，就会变得容易。

好好说话的规则

首先要"创造"被表扬的经历，
什么事都可以

说话，可以模仿别人

心理学意义上的"学习"，有这样几种方法。

第一种，是"指导"，就是教。比如："声音洪亮，坦然地看着人的眼睛说就可以。好！做一下试试！"但若仅只如此，被教的人几乎办不到。

第二种，就是"模仿"。"像那个人一样做一做试试。"这里没有任何说明，而只是说，"请模仿那个人"。如此，人就会通过自己的观察去模仿，比如，"那个人声音很洪亮，我也要提高音量。""那个人看着对方的眼睛，我也要看。"这会成为自己的亲身体验，成为一种学习，且从下次起也能做到了。

第三种，则是"反馈"。做完之后，如果有来自他人的反馈，像"刚才做得很棒""这里纠正一下比较好"等,就会学得更好。

所以,就算有某方面的知识,知道"那个好""这个好",但只要不做,就不会具备相应的能力。甚至反而可以说,就算没有知识,但只要模仿,就能学到手。如能有进一步的反馈,就会更为精到。

也就是说,好好模仿非常重要。

这与日本茶道、武道、艺术等领域中的师徒关系之一——"守、破、离"一样。其技艺掌握的思路,就是先"守"师傅所教之型,再"破"师傅之型,创造出符合自己之新"型",不久就能"离"师之型而入自由创作之境。

首先,要彻底模仿规范范本。只要在模仿中将"型"拿到手,接下来,只需运用就可以了。

> 好好说话的规则

进公司第一年,只去模仿他人就够了

跟公司外的人交谈，对自己上司也要"直呼其名"

成为社会人士，最令人忐忑的，就是对自己上司直呼其名[1]了吧。

但跟公司外的人交谈时，正确做法是，即便说到自己的上司，也要"直呼其名"。比如直接说"我们公司的山田"。

但若无论如何都对直呼其名有抵触，也可以加上职务，比如"山田社长……"。

说话如果不礼貌，无论公司内外，对你的评价都会很低。

如果在公司外，这就不是个人问题了，而会影响到整个公

---

[1] 不加"先生"等。——译者注

司:"这家公司录用的新员工,连客气都不会说?"

就算是新员工,那也是公司的脸面,代表的是公司。

也就是说,如果代表公司的人不会礼貌用语,整个公司的评价都会受损。

一旦认为你连常识都没有,那就不可能带你去有业务往来的单位。也就是说,如果说话不礼貌,可能就不会带你去外面了。

如果是公司内部,受损的同样不止是你的个人评价,有可能是同期进入公司的所有员工,"今年的新员工连常识都没有"。

所以,要倾听语言表达严谨、得体的前辈或上司的谈话,就算会议无须你参加也去列席,学习上层人士的措辞方式,尽快掌握与所在公司相符的发言及处事态度。

8小时之外,似乎很多人讨厌与同一职场的人们交往,午饭也想一个人吃。可以的话,公司酒会也不想参加。这样的新员工也不在少数。

但是,希望大家都改变一下自己的想法。就当去听严谨、得体的谈话如何进行的范本,积极地与前辈或上司共进午餐,积极参加酒会。要是几个前辈要去喝一杯,你就说:"带我一起去可以吗?钱我自己付。"跟着去干什么呢?就是去听前辈们说话,了解正确的表达方式。

要想学习英语谈话,需要尽量多地去创造机会,与"活英语接触。以英语为母语的几个人要一起吃饭,听说了就想办法让他们带你一起,听他们说英语。同样的道理,要掌握严谨、得体的表达方式,就要尽量多地创造机会,与"活"谈话接触。

"原来如此!""明白了!"这种话,前辈或上司是用什么方式表达的?"真不错!"他们又是用什么方式来说的?都记录下来,并在日常生活中不断使用。

好好说话的规则

熟练掌握礼貌用语，才能更好地融入公司

第三章　会说话就是学会"值得信任"的表达方式

 让对方敞开心扉的"吧"

谈话，没必要由自己来说。

就以"请指教""请告诉我"的姿态，以对方为中心推进谈话即可。也就是说，根本没必要说自己的事，比如"说起来，我也如何如何……"。

这种时候，关键是要在句尾加上"吧"。也就是说，感觉不会遭到反对的话题加上"吧"，让对方产生同感。

在公司内部，应该有不会遭到反对的话题。比如："感觉，今天的会像是要延长吧。""今天的晨会，社长的话很有力吧。"不会遭到反对的话题加上"吧"，能够暗示对方"我们是伙伴"。

"吧"类似于接力赛中的接力棒。接力棒递过来了就要跑，

"吧"一递过来就想应答。

比如，就像"不容易吧""受苦了吧"，加上"吧"一问，易于对方接话。

对方会一边说："最不容易的是……""虽然谈不上受苦……"一边告诉你更详细的情况。

假设你想问一问进展顺利的什么秘诀，那也不要直接问："有什么秘诀？"而是问："有秘诀吧？"这样一问，对方就会主动把想到的告诉你："实际上，我是这样做的……"

"吧"——就是让对方敞开心扉的"迷魂"词。

好好说话的规则

**谈话以对方为中心，
对方就会敞开心扉跟你说**

详尽的事先调查,会让对方不自觉地答"是"

对要面会的人,请事先进行彻底的了解(调查)。

比如,若跟其他公司的经营者约好了会面,就先通过报纸、杂志、网络等各类媒体调查他。主页就不用说了,对他(她)的访谈、出版过的书、博客、脸书等网络社交工具等,全都事先看一遍。

在调查的基础上,只思考最初的一个提问。剩下的,则在会面以后,随着谈话的推进,随机应变,一一问清楚。

充分的事先调查虽然重要,但不要事先设计很多的问题,再按顺序逐一去问。这可能会导致一问一答,而无法让他说出最想表达的事情。

我曾在某一流企业遇到过这样一件事。

在位于丸之内区的日本代表性大型企业总公司大楼，有一个关于培训的预备会。

负责人到前台迎接我时，怀里抱着我写的两本书。并且，书页里密密麻麻夹满了浮签。

会议室在高层，在电梯里闲聊时得知，这位负责人不只是把我所有的书都读过了，还订阅了我的邮件杂志，读过所有的连载，购买并观看了我的讲座光盘。并且，说到的一些内容，不仔细、不认真阅读是不可能知道的。

之后，我们在会议室里就培训进行了详尽的事前沟通，无论对方拿出什么样的提案，我都愉快地回以"是"……

好好说话的规则

谈话之前,胜负已决

"第零印象"比第一印象更重要的时代

现在的社会有个特点,即在第一印象之前,还有"第零印象"。

跟以前不同,在真正见面之前,就能看到主页、博客及脸书等。这类信息所带来的印象,在实际面会之前就形成了,我便称之为"第零印象"。

当今时代,就是在会面之前信息便已四处散播的时代。

如果实际会面时的印象是第一印象,那此前看到的照片、动画等所形成的印象,就是"第零印象"。

邮件、电话等所形成的印象也是"第零印象"。有时,在邮件或电话等交流中明明非常严谨、得体,但实际一见,却又不像想象的那般了。

这是因为邮件有职场邮件的格式，只需要把名字换掉就行了；就算是电话，也只是按指导手册原封不动地说。乍看之下，很是严谨得体，可一旦换成无固定格式的交流，就会原形毕露了。

关键在于，第零印象与第一印象要有一贯性。

在邮件里感觉很严谨，很诚实，可实际见了面，却感觉靠不住，这样就感觉不到一贯性了。

希望大家思考的是，自己给予别人的第零印象是什么？给人的第一印象，若与这第零印象有一贯性，就能让人产生信任感。

> 好好说话的规则

和对方见面前后的印象要保持一贯性

用"他人评价"表现自己,会让对方印象深刻

既然被公司录用了,就意味着你通过了公司的某种审查。这其中,一定有录用你的理由。

进公司后一定要做的一件事是,去问当时的面试官:"您认为我哪里比较好才录用我的?"

因为对你的评价比较好,你才会在现在的公司上班。你要知道,自己什么地方得到了认可。也就是说,受到好评的地方,就是你的价值所在。

而一旦知道了自己的商品价值,接下来,就要讲给其他人听。

比如,见了有业务往来的人,或许会出现这样的对话:

"我是○○公司的△△。刚进公司第一年。请多关照。"

"你真精神啊。"

第三章 会说话就是学会"值得信任"的表达方式

"是的。上司也说,'就你这精神头儿,我认可'。"

这样,就能给对方留下印象。

这要是说成"因为一直在棒球部,所以声音大"等,就成自卖自夸,或是学生时代的往事了,不适于商务性谈话。

所以,为能以"公司也是这样评价我的"这种形式来表达,就要尽量早去问当时的面试官。

就算只是暧昧地回答你说:"这个……是什么呢?因为你很优秀嘛。"那也不要轻易罢手,要接着问,那您认为我哪里优秀?或是与其他应聘者有何不同?自己跟同期进公司的人有何不同之处,这一点,希望你刨根问底。若当场没得到回答,就说:"那改天再请您告诉我。"总之,一定要问出来。不要马马虎虎就放弃,一定要问清楚。

因为,这会成为你的一笔财产。

大学里教过的学生就职面试通过了,来报告我这一好消息。

这家企业是其第一志愿,周围又都是年长的研究生,当时很紧张。那面试通过的原因是什么呢?人事负责人的回答是应聘申请表的缺点栏里,"血气太盛"这四个字令他印象深刻。那名学生说:"血气太盛,是我的一大烦恼。"但企业却给予了很好的评价。

像这种自我评价与他人评价完全不同的情况,经常会发生。

要了解你的真正价值,并能讲出来。

好好说话的规则

问一问当时的面试官，为什么录用了你

做做正反表达训练

有的人会主动宣示自己的弱点:"我没毅力""我一到人面前就紧张"等。

就算你说:"那你有计划性吧。"也会得到"但我没毅力"的回答。就算为之换言为优点,也会继之宣示弱点的人,多得出人意料。

或许是因为,教育本身就是指出弱点并加以纠正,于是就变得非常善于发现弱点了吧。

就像前面写到的,我的学历不算高,毕业于一所地方女子大学。

面试时我说,对我来说,NHK的新闻节目很难,搞不清楚。

没有池上彰先生《儿童新闻》的解说，就搞不懂。想做我都能懂的新闻。这也正是将我的自身弱点转化为优点，并得到了认可的例子。

希望刚进公司第一年的人思考一下，发现了自身的弱点，就不能转换为优点吗？即这个弱点，就不能成为商务活动中的优点吗？

为能做到这一点，将消极一面换言为积极一面的正反表达训练，会有积极帮助。

比如将"鲁莽"替换为"有行动力"，将"软弱"替换为"不爱张扬"，将"工作速度慢"替换为"认真、仔细"，将"散漫"替换为"豁达"等。

短处，反过来就是长处。

万般事物，因观察的角度不同，既可视之为消极，也可视之为积极。即便是弱点，也愿大家不是去看消极一面，而是换言为积极一面，并将其作为自身的优点和强势，尽情发挥。

此外，组成团队，优势互补，共同推动商务活动进展，这才是社会人士。学生时代，或许还有必要不断克服自身的弱点，但踏入社会以后，弱点就是弱点，不再去克服也同样重要。甚至可以说，不断增强自身优势，弱点则让他人来弥补，反而才是重点所在。

好好说话的规则

试着将自身弱点转化为优点

感到紧张,就夸紧张的自己

经常有人问我这样一个问题:

"一到人面前就不自觉地紧张,该怎么办?"

接到这样的提问时,我首先会说:"紧张,是好事啊。"

听我这样说,大家都会现出一脸的吃惊。

工作简报前一天,紧张得睡不着,或是整晚都在练习的事也经常听到。

如果感到紧张了,先要夸奖紧张的自己。想把话说好才会紧张,对这一场面非常重视才会紧张。也就是说,紧张,源于对临场者的尊重。

所以,紧张反而是一件好事。一想到紧张不好,就想必须想点什么办法才成,这就会更加焦虑……

不紧张,就不会有"郑重感"。不紧张,反而就大势已去了。

重要的是是否知道紧张的应对之道。而反面例子,则是紧张像滚雪球一样越滚越大,最终失控。所以,先将紧张视为好事,再了解其应对之法吧。

直接说:"今天,有点儿紧张。"也是个办法。既可以上来就宣布一下,也可以在半道儿卡壳时说。听的人不但不会心生不快,反而会生出鼓励之心。

顺便说一句,从来没有高管人士问我:"现在很紧张,该怎么办?"而是问:"这个地方记不住,怎么办才好?""演讲的时候,眼睛看哪里好?"等等。

每个问题都很具体。

紧张是理所当然的,是避不开的,所以也不用掩饰。

高管们是以紧张为前提,思考什么事情该如何应对。这种沉着冷静的提问,让我很是敬佩。

> 好好说话的规则

紧张，是你重视对方的证明

放面镜子,就能让自己变得善于表达

那是我生平第一次当众演讲。

演讲前几天,事先去查看了会场,并在听众席上架起摄像机,把自己说话的样子录了下来。我想知道,从听众席上看自己,会是什么样的角度,自己看起来又是什么样子,会给听众什么样的印象。想让自己看起来严谨、庄重与得体,先要知道自己说话时的表情。

商务人士要知道自己的表情,镜子将是非常有效的工具。

请站到镜子前,看着自己的脸,做一做递交名片的练习,自我介绍或做工作简报的练习。如果有全身镜,就在全身镜前练。

也可以在公司洗手间等,什么地方都可以,去找一面全身镜吧。找到之后,希望你每天早晨都站到镜前,全身上下检查

一遍。

如果要去见谁,先在全身镜前看着自己说:"早上好。株式会社○○的△△。"然后再出门。

出现最多的情况,恐怕是几乎没有表情吧。也就是只有嘴在啪嗒啪嗒动,眼睛和眉毛却一动不动。这时,请有意识地确认一下,眼睛是否有神,笑容是否绽开,有没有露齿。

表情动起来,给人的印象也会变好。而最为理想的,就是表情富于变化了。

不妨借用镜子,确认一下自己的表情肌是否会随喜怒哀乐的情绪变化而变化。

而希望你平时养成习惯的,就是在电话前放一面镜子,一边确认自己的表情一边说话。

电话响起后,看着镜子,绽开笑容后再接:"你好!○○部山田。"即便是在通话中,也不时在镜子中确认一下自己接听时的表情吧。

经常有人说,最不了解自己的就是自己。

你说话的样子,别人能看到,但你却从没见过。很可怕,却又再平常不过。

顺便一提的是,我到国会议员房间或总经理室拜访时,里面几乎都有一面全身镜。

用全身镜周身上下确认,已经成为上层人士的习惯。

好好说话的规则

充分利用镜子，真正看清自己

左右印象的三大要素

说服别人时,最重要的是"眼神接触"。

有心理学实验数据显示,在音量、姿势与眼神接触这三大要素中,最能左右对方印象的,就是眼神接触。

首先,双方目光是否接触很重要。进而,要知道对方的动真程度、干劲大小或动机强弱,也可以通过睁眼的时间长度来判断。

四目相对,加长睁眼时间,可给人以"目光有力"之感。人们会在谈话中感觉到,睁眼的时间长度与动机强弱是成正比的。

要让人感到"目光有力",就要有意识地减少眨眼的次数。

原因在于，很多心理学实验报告显示，眨眼多的人会给人没有自信，或在撒谎之感。

真想说服谁时，应该会看着对方的眼睛，并且，眨眼的次数也会减少。

而要加强"目光力度"，可以做一做这样的练习：说话时，1分钟之内尽量不眨眼睛。

务请练习的是，说公司名称与自己的名字时，中间不要眨眼。

"初次见面。株式会社〇〇的△△。"这句话大概需要7秒。睁着眼睛说7秒并不难。其间，有意识地不眨眼试一试吧。

好好说话的规则

目光要有力度，
眼神接触与减少眨眼次数很重要

▶ 专栏3 越没自信的人越能"严谨得体"

我认为,越没自信的人越能"严谨得体"。

学生时代的我,这一点完全谈不上。既没看过新闻,也没读过报纸。学习能力也不强。

总之,就是没自信。

因此,在踏入社会的第一年,才努力去摸索并掌握严谨得体的说话方式。有自信的人空手即可上阵,但我没有,只好一味用武器来装备自己。

我所掌握的最好武器,就是"据○○,……"这一表达方式。

也就是说,在会议或简报中,如有提案,我就用数据说话。比如,"据厚生劳动省统计,……所以想做这样一个企划。"即"虽然我没自信,但权威调查机构是这样说的",我的企划就是以这样的方式一次次通过的。直到现在,"据○○,……"这一表达方式都是我经常使用的句式。

正因没有自信,不彻底调查就不会放心,就要出示事实证据。而这种积累,会让人们越来越信任你。

比如面对一项工作,一个自信满满地说"交给我就可以了",但却在马上就要到期时才上交,且质量很低;另一个则说:"什么时候交?截止到30日对吗?我没什么信心,20日给您看一次,给我提一下意见吧。"最终,往往是后者的工作成果会更好。

如上,正因没有自信,才会扎扎实实地步步推进,从而积累起信任。